乡村振兴战略
背景下的
农村客运长效发展机制研究

周一鸣　姜彩良　等　编著

人民交通出版社股份有限公司

北　京

内 容 提 要

本书针对新时期农村客运长效发展面临的问题，围绕乡村振兴战略的总体要求，结合农村地区的需求特点与供给可能，构建地方政府农村客运服务供给方式的选择方法，设计新时期我国农村客运长效发展的机制体系，提出推进发展的对策和措施。

本书可为各级交通运输行业管理部门推进相关工作提供理论支撑，也可为行业各方推进农村客运长效发展提供技术方法。

图书在版编目（CIP）数据

乡村振兴战略背景下的农村客运长效发展机制研究 / 周一鸣等编著. — 北京：人民交通出版社股份有限公司，2021.6

ISBN 978-7-114-17310-3

Ⅰ. ①乡… Ⅱ. ①周… Ⅲ. ①农村道路—客运服务—研究—中国 Ⅳ. ① U492.4

中国版本图书馆 CIP 数据核字（2021）第 090432 号

Xiangcun Zhenxing Zhanlüe Beijing xia de Nongcun Keyun Changxiao Fazhan Jizhi Yanjiu

书　　名： 乡村振兴战略背景下的农村客运长效发展机制研究
著 作 者： 周一鸣　姜彩良　等
责任编辑： 姚　旭
责任校对： 赵媛媛
责任印制： 张　凯
出版发行： 人民交通出版社股份有限公司
地　　址：（100011）北京市朝阳区安定门外外馆斜街 3 号
网　　址： http://www.ccpcl.com.cn
销售电话：（010）59757973
总 经 销： 人民交通出版社股份有限公司发行部
经　　销： 各地新华书店
印　　刷： 北京交通印务有限公司
开　　本： 720 × 960　1/16
印　　张： 4.75
字　　数： 66 千
版　　次： 2021 年 6 月　第 1 版
印　　次： 2021 年 6 月　第 1 次印刷
书　　号： ISBN 978-7-114-17310-3
定　　价： 50.00 元
（有印刷、装订质量问题的图书由本公司负责调换）

序

农村客运的发展可显著改善农村地区的出行条件和人居环境，促进城乡互联互通，带动特色产业发展。推进农村客运长效发展是交通运输服务乡村振兴战略的重要着力点，对加快推进农业农村现代化具有重要的先行引领和服务支撑作用。近年来，通过各界共同努力，聚焦“具备条件的乡镇和建制村通客车”工作，我国农村客运取得了显著的发展，助力我国推进了农业全面升级、农村全面进步、农民全面发展。随着“具备条件的乡镇和建制村通客车”脱贫攻坚兜底性任务的完成，新时期农村客运发展目标将从“通得了”向“通得好”转变。要实现农村客运高质量发展，当前仍面临一些困难和问题，比如，各地农村客运发展尚不平衡，扶贫结束后相关支持政策不可持续，部分农村客运“通返不通”风险较高，服务水平普遍偏低、运营安全保障不足，客运站点使用效能偏低等。为解决上述问题，需要研究谋划脱贫攻坚目标任务完成的农村客运发展战略思路，建立健全农村客运长效发展机制。

本书作者对农村客运发展进行了长期跟踪研究，在相关领域开展了大量科研工作，结合取得的科研成果，终整理形成此书。本书针对新时期农村客运长效发展面临的问题，围绕乡村振兴战略的总体要求，结合农村地区的需求特点与供给可能，构建地方政府农村客运服务供给方式的选择方法，明确新时期我国农村客运长效发展的工作目标及发展思路，设计新时期我国农村客运长效发展的机制体系，提出推进发展的对策和措施，形成了一套推进农村客运长效发展的机制措施，可为各级交通运输行业管理部门推进相关工作提供理论支撑，也可为行业各方推进农村客运长效发展提供技术方法。

参加本书编写工作的主要人员有：周一鸣、姜彩良、王显光、庞清阁、龚露阳、杨东、梁仁鸿、闫超、张晨等。本书在编写过程中得到了交通运输部运输服务司许宝利、关笑楠、何明、雷海涛等的大力指导，感谢各位提出的宝贵意见。同时感谢曾经在本书写作中给予帮助和指导的各位领导和专家！在研究与撰写过程中参考了大量国内外文献与书籍，在此向原著作者表示崇高的敬意和由衷的感谢！

由于作者水平有限、时间仓促，本书未尽之意颇多，纰漏或不当之处在所难免，诚望各位领导、专家和广大读者批评指正，以助作者进一步提升认识和水平。

作　者

2021年4月于北京

目　录

第 1 章

我国农村客运发展现状分析

经过多年的发展，我国农村客运发展在覆盖范围、模式创新、设施建设、技术装备等方面取得了显著成就。但对比交通强国建设、高质量发展要求和国家与人民群众的期盼，还存在一些不容忽视的问题。科学评估农村客运发展现状、找准问题、对症下药，才能推动农村客运的长效发展。

1.1 我国农村客运发展取得的成效

近年来，通过各界共同努力，我国农村客运取得了显著的发展，助力我国开启了城乡融合发展和现代化建设新局面。截至目前，全国实现具备条件的乡镇和建制村通客车率达100%。畅乡达村的农村客运服务网络基本形成，农村客运服务质量不断改善，基本满足了广大农民群众的出行需求，实现了农民群众“出门水泥路、抬脚上客车”。主要成效体现在以下6个方面。

1.1.1 通客车率显著提升

党的十八大以来，各级交通运输主管部门将通客车工作作为重要政治任务，加快推进具备条件的乡镇和建制村通客车。2015—2020年，全国累计新增通客车建制村4.1万余个，建制村通客车率提升6.1个百分点，实现了具备条件的乡镇和建制村通客车。通达形式主要包括城市公交、客运班线、区域经营、岛屿通船和预约响应及其他，分别占比38.49%、51.48%、4.14%、0.06%和5.83%。农民群众“出门水泥路、抬脚上客车”的梦想已成为现实。

1.1.2 服务网络逐步完善

截至2019年底，全国共有农村客运站（含简易站、招呼站）31.67万个。其中：东部地区12.79万个，占40.4%；中部地区11.64万个，占36.8%；西部地区7.24万个，占22.9%。全国共有农村客运车辆26.99万辆，客位数533.56万个。其中：高级车辆1.43万辆，客位数41.12万个；中级车辆10.84万辆，客位数36.26万个；普通车辆14.71万辆，客位数256.18万个。全国共开通农村客运线路（包括班线和公交化运行线路）8.55万条，年平均日发班次77.88万。其中：东部、中部、西部地区开通的农村客运线路分别为1.53万条、3.31万条和3.71万条。已初步形成了以县城为中心、乡镇为节点、建制村为网点，遍布农村、连接城乡、纵横交错的农村客运网络。

1.1.3 服务水平稳步提高

各地结合当地实际，根据出行需求、通行条件、财政保障等因素，积极开通公交化、班线客运、区域经营、预约响应及定制经营等模式的农村客运服务。农村客运服务模式的不断优化，大幅提高了农村客运覆盖广度和深度，适应性不断增强。同时，各地积极探索，针对农村群众的出行特征，开通了赶集班车、学生班车、通勤班车等特色线路，更好满足了广大人民群众实际出行需要。截至2020年，全国参加城乡交通运输一体化发展水平评估的2475个县级行政区中，发展水平达到3A级以上的为93.62%（其中，5A级的为42.22%，4A级的为37.09%，3A级的为14.3%）。

1.1.4 安全水平明显提升

农村客运安全监控终端普及率不断提高，全国已有50%以上农村客运车辆安装动态监控终端，浙江、陕西等省已达到100%，农村客运安全监管技术条件有效提升。各地不断建立健全公安、交通、应急管理等部门共同参与的农村客运安全监管工作机制，积极推进农村客运班线安全通行条件联合审核。全国道路运输安全生产形势保持良好态势，2020年同比2019年实现事故起数和死亡人数双下降目标。

1.1.5　政策机制不断完善

党的十八大以来，交通运输部将农村客运工作作为服务脱贫攻坚和农业农村现代化的重要抓手，不断完善相关政策机制。2014年，出台《农村道路旅客运输班线通行条件审核规则》，要求各地联合有关部门建立农村客运班线通行条件联合审核机制，明确农村客运班线途经公路的技术条件、公路安全设施状况、中途停靠站点情况、车辆技术及相互匹配情况等方面的要求；2015年，印发《关于加快推进农村客运发展有关事项的通知》，从提高思想认识、加快设施建设、加大支持力度、提升安全保障、建立监管机制5个方面明确农村客运的发展要求；2017年，发布两批乡村公路营运客车推荐车型，以解决农村客运运行缺少客货兼顾的达标车型问题；2019年，下发《关于推动乡镇和建制村通客车任务纳入地方脱贫攻坚考核目标的通知》，要求地方进一步压实主体责任，加大工作力度，将行业行为上升为政府行为，为打赢脱贫攻坚战提供有力的交通运输保障；制定“具备条件的建制村通客车”参考标准，同时要求各地根据实际情况科学确定“具备条件”的建制村通客车的具体标准，建立通客车目标台账；2020年初，出台“预约响应式农村客运服务参考标准”，并在9月实施的《道路旅客运输及客运站管理规定》中，明确农村道路客运的公益属性，为各地通过政府购买服务、建立运营补助机制等方式，保障具备条件的建制村开通农村客运并持续运营提供法规依据。

1.1.6　信息化发展初显成效

各地积极加快“互联网+”与农村客运融合发展，建立农村客运服务平台，为乘客提供车辆位置实时查询、约车包车、定制客运、手机支付乘车、投诉建议等服务。充分利用交通运输行业现有信息平台，通过改造、新增功能模块等途径，实现农村客运运营信息化监管。贵州省建设“通村村”App（应用程序），为群众提供预约响应式农村客运服务，贵州省建制村通客车率达到100%，在西部率先完成了具备条件的建制村全部通客车的兜底性指标。

1.2 各地推进农村客运发展的典型经验做法

1.2.1 压实属地责任

绝大多数省（自治区、直辖市）党委、政府高度重视乡镇和建制村通客车工作，将通客车工作作为脱贫攻坚任务和重点民生工程来抓，切实压实属地政府责任。江苏省委、省政府将“行有所乘”确定为基本公共服务和民生幸福工程的重要内容，制定出台《江苏省农村公路条例》，明确县（市、区）政府应当保障行政村开通镇村公交，为村民提供普遍服务。山西省将具备条件的建制村开通客运班车列入贫困村退出指标，江西省政府将建制村通客车工作列入对市、县政府高质量发展绩效考核评价内容和全省实施乡村振兴战略实绩考核体系。吉林省政府出台《关于进一步促进道路运输行业健康稳定发展的通知》，明确农村客运是重要的民生工程，要求市县政府进一步明确农村客运公共服务属性和公益属性定位，相关部门共同配合做好“村村通客车”工作。云南省委、省政府将具备条件的建制村通客车纳入贫困退出机制，省交通运输厅将通客车工作列入厅纪检监察组工作重要内容，通过督导、约谈等方式督促落后市县加快通客车进度。

1.2.2 因地制宜创新运营组织模式

各地根据当地经济发展水平、道路通行条件、客流需求等条件，构建公交、班线、区域经营、预约响应等多层次农村客运服务体系，满足广大农民群众多元化出行需求。一是提升农村客运均等化服务水平。北京、天津、上海、江苏、浙江、山东等省（自治区、直辖市）部分地区实现全域公交，长三角地区开通37条省际毗邻地区公交化运营客运班线，更好满足了农村群众便捷出行需要。二是加大农村客运简政放权力度。福建省宁德市赋予农村客运班车更大经营自主权，规定班车在完成固定班线任务后，可从事县内包车和即时出行等业务，在满足农村群众出行需求的同时提升农村客运经营收益。黑龙江省推广农村客运区域经营模式，减少审批流程和审批事项，由企业自主确定区域线路布局、班次增减，扩大企业经营自主权。三是促进农村客运与相关产业融合发展。浙江省长兴县将各乡镇特色景点纳入城乡公交线路关键节点布局，打造以“冬梅”“夏荷”“春绿”“秋黄”景观为主题的四季精品旅游线，带动农村居民增加收入。福建省宁德市蕉城区、湖北省竹山县聘请有意愿的农村客运驾驶员兼任“四好农村路”专管员，在日常运输中协助做好道路巡察工作，推动“建管养运”协调发展的同时每月增加驾驶员兼职收入。辽宁省深入推进交邮融合，推动所有邮政网点联网代售汽车客票，所有农村客运班线开通客车代运邮件业务。四是因地制宜提供差异化客运服务。青海省出台《青海省农牧区客运服务规范》，细化农牧区建制村通客车服务内容和服务标准，指导各地因地制宜采取各种方式，实现人口居住特别分散且出行需求小的农牧区建制村通客车。海南省五指山市针对14个偏远的建制村，采用“班线+预约响应”相结合模式开通村村通微公交。一方面开辟8条日发3班的班线，满足群众基本出行需求；另一方面，提供电话预约叫车服务，方便满足群众临时、紧急情况的用车需求。

1.2.3　完善农村客运扶持政策

在中央油补资金支持的基础上，各地不断落实属地责任，完善农村客运补贴政策，积极推动农村客运“开得通、留得住”。一是优先将中央油补退坡资金用于贫困地区农村客运发展。广东省将农村道路客运、出租汽车油价补助中涨价补助资金退坡资金总额的30%用于支持除珠三角地区城市以外经济基础相对差的城市，新疆维吾尔自治区将油补退坡资金优先用于偏远地区农村客运发展，新疆生产建设兵团将油补资金按2：3：5的比例补助师至团队、团至连队、连队间农村客运经营。二是省级层面加大对农村客运发展的资金支持力度。陕西省通过省财政拨款与车购税返还资金设立专项资金，自2019年起，对实现建制村100%通客车且稳定运行的县区按深度贫困县60万元/年、贫困县40万元/年、非贫困县30万元/年给予资金补助。四川省从2019—2020年交通专项资金中安排4亿元用于农村客运发展专项补助，根据各地建制村通客车任务、地方财力等情况，实行分类分档补助，重点用于贫困地区建制村通客车工作。重庆市自2012年起建立农村客运营运补贴机制，由市县两级1：1配套，按照车辆实际运营天数，分别给予农村客运车辆每天每座1.5元补贴；2019年起，提高18个深度贫困乡镇补贴标准，将市县两级补助由每天每座1.5元提高到2.5元；2012年以来累计发放农村客运营运补贴3.7亿元。广西壮族自治区投资742亿元实施“四建一通”工程，全力改善农村交通出行环境，提升运输服务品质，让农民群众出行更加安全畅通。西藏自治区交通运输厅会同财政厅印发《西藏自治区农村客运补贴实施细则》，明确对购置新车按照购置计税价格的20%给予一次性补贴；对购车贷款利息、承运人责任险、场站运营和车辆运营补贴，由自治区、地市、县（区）按照6：3：1的比例分级负担。三是落实市县主体责任，建立农村客运运营财政补贴机制。内蒙古自治区呼和浩特市开通了20条价格惠民的扶贫专线，最低5元可乘坐83km，覆盖了“通返不通”的2个乡镇和144个建制村，通过建立补贴机制保障扶贫客运专线可持续运营。安徽省芜湖市对全市农村公交实行市、区两级政府补贴机制，区政府对农村公交车辆购置和场站建设全额投资，市、区两级政府各按50%标准对营运亏损进行共同补贴。安徽省舒城县、河南省潢川县等建立农村客运财政兜底机制，每年从财政收入专门列支对农村客运运营进行补贴。

1.2.4　提升农村客运信息化水平

各地不断强化信息化手段在农村客运领域的应用，有力提升农村服务质量和安全水平。吉林、福建、江西、四川、贵州5个省份建立了省级农村客运监管平台，利用信息化手段对农村客运进行实时动态监管。贵州省建立“通村村”信息平台，农村群众可通过电话或App预约享受到实时的叫车服务。甘肃省开发甘肃省农村客运服务平台，实现农村客运线路、车辆等信息查询，群众可通过微信公众号查询农村客运线路开通情况并进行服务评价。福建省宁德市通过乡村通出行手机App共享县级电商、物流、小件快递信息，农村客运车辆可捎带运输小件快递并收取一定服务费，助力农村物流配送的同时促进农村客运经营者增收。宁夏回族自治区固原市隆德县、原州区试推广区内自主开发的农村客运预约软件“全微通”，在部分建制村设立“全微通”农村服务站，可让不会使用手机的老年人对着摄像头说出目的地，就能叫车并送往目的地，方便群众预约乘车。

1.2.5　以试点示范为载体推动高质量发展

为推进实现农村客运高质量发展，各地积极打造农村客运品牌工程，通过试点示范，带动农村客运高质量发展。河南省开展“万村通客车提质工程”，对75个示范县（市、区）补助资金3.75亿元，拉动市县级投资9.6亿元，有力改善农村客运服务品质。四川省全面实施创建人民满意乡村客运“金通工程”，以建设美丽清新、安全绿色、便捷优质、精细管理乡村客运为主要任务，着力打造统一规范、服务一流、管理高效、人民满意的乡村客运服务品牌。河北省将81%的油补退坡资金用于城乡公交一体化建设试点县补贴。江西省设立交通运输发展专项资金，支持“四好农村路”（镇村公交）示范项目建设；全省已培育“四好农村路”（镇村公交）示范县40个，截至目前省级已累计补助2.45亿元。湖南省以“一县一公司、公车公营、统筹规划、乡村全通、价格惠民”为原则，推进城乡客运一体化示范县创建，2018年至今已累计补助3.37亿元用于28个示范县创建。安徽省投入4.58亿元支持三批城乡道路客运一体化示范县创建，带动示范县累计投入23.3亿元，实现全省城乡客运一体化发展水平快速提升。

总的来看，农村客运发展让城乡距离拉近，让越来越多的农民像城里人一样享受到便捷的运输服务，为广大农民群众进城购物、就业、上学、就医、农副产品销售等带来了便利。实施“村村通客车”工程，吸引了城市资本、项目和人才等要素向农村聚集转移，推动了农村客运与乡村旅游等特色产业融合发展，带动了农村群众脱贫致富，增强了贫困地区的“造血”功能。农村客运真正把县城与广大农村连为了一体，也悄然把政府和老百姓的心连在了一起，群众赢得了实惠，政府赢得了民心，老百姓对“农村客运”不仅“叫座”而且“叫好”。

1.3　我国农村客运长效发展存在的主要问题

经过多年的发展，我国农村客运发展取得了显著成就，但对比乡村振兴战略实施要求、交通强国建设和国家与人民群众的期盼，还存在一些不容忽视的困难和问题，主要表现在以下6个方面。

1.3.1 “开得通、留不住”问题凸显

近年来，我国农村地区“空心化”现象日趋严重，出行需求严重不足。农村公路弯多坡陡，车辆油耗大，运营成本高，农村客运经营状况不理想，采用市场化方式推动建制村通客车难度极大。受经济发展水平、地形地貌、财政能力、客流需求等因素影响，全国农村地区发展水平极不平衡，江苏、浙江等东部地区，政府对农村客运或公交发展扶持力度非常大，很多区县都实现了全域公交。而宁夏、内蒙古、辽宁等中西部地区或经济发展水平较低的地区农村客运发展水平较低，可持续发展能力弱，地方财政困难，农村客运发展主要依赖中央油补资金，地方财政扶持不到位，农村客运“通返不通”风险高。

1.3.2 市县政府主体责任落实不到位

部分地方政府仍存在“重建轻运”思想，对推动农村客运长效发展工作政治意义和重要性认识不充分，尚未将建制村通客车纳入政府脱贫攻坚或绩效考核体系。在农村客运方面投入较小，协调力度不足。多数地区农村客运正常运行只依赖于中央油补资金，地方财政扶持不到位。全国仍有120个地级行政区、1118个涉农县级行政区未出台地方农村客运扶持政策。部分地区油补退坡资金用于农村客运比例过低，统筹运用方案未达到有效促进农村客运发展的目的。

1.3.3 基础设施条件有待进一步完善

部分地区农村公路建设指标较低，农村公路路窄、坡陡、弯急，错车道建设不足，会车困难。农村客运站亭站牌设置率低，现有的部分候车设施维护不到位，一些地区的农村客运站亭还是20世纪90年代建设的，破损严重，并未建立有效的维护保养机制。部分地区农村公路安防设施不完善，安全隐患较大，有的路段基本没有设置安防设施，无法有效保障行车安全，达不到客车安全通行的基本要求。

1.3.4　服务水平不满足群众要求

西部地区农村客运大部分车辆实行承包经营，企业难以统筹调配运力，很多地区农村客运运营组织方式仍为定班、定线的客运班线，不能灵活地适应客流变化。部分地区农村客运特别是区域经营、预约响应式农村客运服务质量良莠不齐，与满足人民群众美好出行需求相比有较大差距。如部分省（自治区、直辖市）缺乏预约响应式农村客运服务标准，预约电话打不通、预约服务叫不来的现象屡有发生；个别市县将开行正价出租车视作开通农村客运，导致农民坐不起车、进不了城。一些已公示开通客车的建制村，群众不清楚乘车地点、联系方式、服务价格，认可度不高。全国农村客运服务质量问卷调查结果分析显示，全国有将近20%的群众对乡镇和建制村通客车不满意或基本满意，其中，有70.27%的群众认为等车时间长、发车频次低，34.26%的群众认为乘车距离远，还有28.41%的群众认为车况老旧。

1.3.5　安全管理存在压力

目前，各地农村客运企业普遍规模小，抗风险能力不强，经营管理不规范，安全生产主体责任落实不到位。农村群众安全意识淡薄，导致农村客运市场超载、超速、“非法营运”现象突出，道路客运安全难以得到有效保障。各地县级交通运输部门和道路运输管理机构人员有限，乡镇行业管理力量严重不足，动态监控能力不足，难以对点多面广、经营分散的农村运输实施全面、有效的监管。受道路交通安全事故追责的影响，部分县区公安、安监等部门对农村客运联合审核工作积极性不高，抱着“宁愿不开通，也不能出事故”的思想，不积极参与联合审核机制。

1.3.6　资源融合不充分

农村客运、物流、邮政快递、电子商务、农业供销等市场主体各成体系，在站场设施、运力资源等方面重复建设，一方面造成资源严重浪费，另一方面“单打独斗”的发展格局导致市场主体经营效益差、积极性不高，客观上制约了农村客货运输高效可持续发展。目前，农村运输资源共享尚处于起步阶段，多业态融合的发展机制尚未有效形成，农村运输资源综合利用效率不高，农村运输“造血”功能发挥不佳。一些地区农村客运经营集约化程度较低，部分农村客运线路仍为个体经营，客观上也造成了农村运输资源整合难度较大。

第 2 章

农村客运发展形势与需求分析

“十四五”期间是深化“四个全面”战略布局和“四化”同步发展的关键时期，也是推进“四个交通”全面发展、使交通真正成为发展先行官的重大战略机遇期。农村客运是综合交通运输改革发展大局中的重要一环，也是交通运输为乡村振兴当好先行的关键领域。从需求来看，新型工业化、信息化、城镇化、农业现代化深入发展，现代服务业的发展和新一轮科技革命带来技术进步，农村居民收入水平不断提高，消费结构加快转型升级，农村客运服务需求日趋旺盛。从供给来看，经济发展进入新常态，交通运输服务在经济社会发展中的先行引领、稳增长作用更加凸显，交通运输供给将保持较快增长，同时随着国家财政收入不断增加，农村客运服务财政保障能力也将进一步加强。从体制环境来看，大部门体制改革逐步深入，“四个全面”战略布局下服务型政府部门加快建设、完善交通运输治理体系和推进治理能力现代化步伐不断加快，建立健全农村客运发展体系的体制条件不断完善。这些都对提升交通运输基本公共服务提出了新的要求和挑战。

2.1 新时代农村客运长效发展面临的新形势、新要求

2020年是全面建成小康社会目标实现之年，我国正处于“两个一百年”奋斗目标的历史交汇期，即将开启全面建设社会主义现代化国家的新征程。习近平总

书记强调，我国已进入高质量发展阶段，发展具有多方面优势和条件，同时发展不平衡不充分问题仍然突出[1]。我们必须深入学习领会总书记重要指示精神，深刻把握新时代农村客运长效发展面临的新形势、新要求。

2.1.1 把握人民对美好生活的向往对农村客运长效发展的要求

无论是全面建成小康社会，还是全面建设社会主义现代化国家，都是为了满足人民日益增长的美好生活需要。当前，我国已进入高质量发展阶段，社会主要矛盾已经转化为人民日益增长的美好生活需要和不平衡不充分的发展之间的矛盾，人均国内生产总值达到1万美元，城镇化率超过60%，中等收入群体超过4亿人，人民对美好生活的要求不断提高。“小康不小康，关键看老乡”，农村客运是交通运输服务农民群众最直接、最广泛的体现形式，农村客运长效发展不仅是全面建成小康社会的重要保障，也是全面建设社会主义现代化国家的重要内容。随着农民群众生活水平提高，对交通运输的需求正在从“有没有”转向“好不好”，在完成具备条件乡镇和建制村通客车的基础上，要围绕满足不同地区农民群众的差异化需求，进一步提升农村交通运输公共服务水平和安全水平，推动农村客运高质量发展，努力营造农民群众安全便捷的出行环境和条件。

2.1.2 把握加快构建新发展格局对农村客运长效发展的要求

加快构建以国内大循环为主体、国内国际双循环相互促进的新发展格局，这是以习近平同志为核心的党中央深刻把握我国社会主要矛盾发展变化带来的新特征新要求，着眼中国经济中长期发展作出的重大战略部署。长期以来，我国城乡之间、区域之间发展不平衡不协调问题较为突出。在新发展格局、新型城镇化等的影响和驱动下，未来我国城乡将加速融合，空间结构、城镇格局、人口分布、产业体系等将产生变革，农村客运作为覆盖范围最广、服务人口最多、提供服务最普遍、公益属性最强的交通服务形式，是整个综合运输体系的基础和“毛细血管”，对于促进区域城乡空间结构调整、畅通经济循环具有十分重要的意义。面对加快构建新发展格局的要求，农村客运要进一步提升服务品质、提高服务效

[1] 引用自《人民日报》（2020年7月31日01版）。

率、拓展服务功能，构建城乡联通的运输服务网络，形成多元融合的发展格局，保障人员和要素在城乡双向流通，促进形成工农互促、城乡互补、全面融合、共同繁荣的新局面，激发更强的内循环动力和活力。

2.1.3　把握实施乡村振兴战略对农村客运长效发展的要求

实施乡村振兴战略是以习近平同志为核心的党中央着眼党和国家事业全局，深刻把握现代化建设规律和城乡关系变化特征，顺应亿万农民对美好生活的向往，作出的重大决策部署，是新时代做好“三农”工作的总抓手。2021年3月，总书记在决战决胜脱贫攻坚座谈会上强调，脱贫摘帽不是终点，而是新生活、新奋斗的起点。要针对主要矛盾的变化，理清工作思路，推动减贫战略和工作体系平稳转型，统筹纳入乡村振兴战略，建立长短结合、标本兼治的体制机制[1]。农村客运是乡村振兴的基础和载体，是农村居民安全便捷出行的重要保障，是促进农村产业发展和经济增长的重要基础。实施乡村振兴战略，需要农村客运充分发挥在引领城镇发展、优化农村布局、支撑农业农村现代化建设等方面的作用。我们必须要立足做好全面脱贫与乡村振兴的有效衔接，围绕实现“产业兴旺、生态宜居、乡风文明、治理有效、生活富裕”的乡村振兴总目标，加快推动农村客运高质量发展，加快延伸农村客运的服务深度和广度，促进交通运输发展与农村地区资源开发、产业发展有机融合，发展交通运输新业态新模式，为乡村振兴战略的实施提供坚强的交通运输支撑。

2.1.4　把握加快建设交通强国对农村客运长效发展的要求

加快建设交通强国是以习近平同志为核心的党中央立足国情、着眼全局、面向未来作出的重大战略决策，是新时代做好交通工作的总抓手。这也是新时代全体交通人为之奋斗的新使命。我们要深刻认识到，虽然我们已经是交通运输大国，但是大而不强的问题依然突出，特别是农村地区交通运输发展仍然存在短板，农村客运服务网络不完善、服务水平不高等依然是当地群众致富的“绊脚石”，更是我们加快建设交通强国的“短板”和薄弱点。《交通强国建设纲要》

[1] 引用自《人民日报》（2020 年 3 月 7 日 02 版）。

专门强调要“推进城乡客运服务一体化，提升公共服务均等化水平，保障城乡居民行有所乘”。我们必须加大力度，加快补齐农村客运“短板”。按照《交通强国建设纲要》要求，科学编制农村客运发展规划，加快形成农村客运长效发展格局，构建运输服务优质的农村交通运输体系，不断巩固脱贫攻坚成果、保障成色，夯实乡村振兴基础，迈出高质量发展的步伐。

2.2 “三农”发展趋势分析

“三农”问题是关系国计民生的根本性问题，其解决对策也是新时代党和政府关注的重点内容，实施乡村振兴战略是解决“三农”问题的一项重要举措。“十四五”时期，我国“三农”工作的重点将从脱贫攻坚转移到全面推进乡村振兴上来。在“十四五”乃至今后较长时期内，全面实施乡村振兴战略，加快推进农业农村现代化将成为“三农”工作的中心任务。乡村振兴战略的实施将会对农业、农村、农民的发展产生深刻影响，然而，未来“三农”的发展趋势，既有受乡村振兴战略实施的影响进而发生变化的，也有因不同地域自然资源禀赋、发展条件等存在差异致使自身难以改变的发展趋势。

2.2.1 东部沿海经济带城市化农村地区不断增多，与中西部一般农业型农村的分化仍然存在

从农村社会本身来看，中国不同地区的农村差异很大，大致可分成两种类型。一种是农村劳动人口流入、村庄工业化程度很高，农民收入主要来自二、三产业的东部沿海发达地区的农村。另一种是以农村劳动人口流出为典型特征的广大的中西部一般农业型地区的农村。前一种率先实现乡村工业化，并且已经融入沿海城镇时代的发达地区农村，与后一种农村类型是完全不同的。其中最重要的是，东部沿海发达地区的农村实现了就地工业化和城市化，有大量外来人口的流入，无论是产业形态还是社会形态都与城市差异不大，随着地方行政区划的调整，当下和未来有越来越多的农村村委会改为居委会，实行城市化的管理体制。相对而言，由于缺少区位优势以及错失乡村工业化的机遇，占全国农村和农民大多数的中西部一般农业型地区实现乡村工业化的可能性较低，农村青壮年劳动

力进城务工经商，农业是以老年人为主的老人农业，两种类型的农村分化进一步加大。

2.2.2　农村人口空心化现象将进一步凸显，短期内广大农村地区萧条的局面难以改变

截至2019年末，中国总人口为140005万人，其中农村常住人口为55162万人，外出务工的农村人口有17425万人。城市快速发展和农民大量进城，导致农村人口尤其是青壮年人口不断减少，并由人口空心化逐渐演化为人口、土地、产业和基础设施整体空心化，农村变得萧条甚至凋敝起来，这正是中国实施乡村振兴战略的基本背景。从当前乃至未来一段时期看，各类资源高度集中在城市，农民依旧保持着从农村移居城镇的意愿，希望到城市务工经商以获得更多利益，也希望在城市体面安居，享受到城市生活中的繁华、便利的城市文明。《国家人口发展规划（2016—2030年）》预计，2016—2030年农村向城镇累计转移的人口约达到2亿人。因此，从短期来看，农村常住人口将不断减少，农村空心化进一步凸显，当前中国出现的农村萧条局面难以改变。然而，从长远来看，随着乡村振兴战略的实施，中国现代化和城市化的完成，将来可能有一个逆城市化阶段的到来。

2.2.3　农村老龄化程度不断加重，中老年人是农村社会的主体人群

根据中国人口与发展研究中心发布的《中国人口展望（2018）》中相关预测结论：2030年前，我国总人口将达到峰值14.4亿左右，并在随后进入负增长阶段，总人口将于2050年降至13.7亿左右。伴随着人口总数即将抵达峰值且负增长即将到来，中国的老龄化问题将愈发严峻。未来20年将是中国快速城市化的一段时期，中国社会科学院预测到2040年，中国城镇化率将达到75%左右，城镇人口约为10.3亿，农村人口约为3.4亿。在这一时期，大量能力强、收入高的农民及家庭会选择进城，其中的绝大多数人是农村青壮年劳动力以及借家庭代际分工获得务工和务农收入后实现渐进式进城的农民，农村的老龄化问题将变得更为严重。在农村剩余人口中，大致包含三类人。一类是农户家庭中青壮年劳动力进城、老

年人留守务农的农户，另一类是全家留村的农户，还有一类是老弱病残家庭。其中，第一类即“以代际分工为基础的半耕半工”的农户家庭约占农村农户的70%，这类中老年人是老龄化农村社会中的主体人群。

2.2.4　三产融合发展的新业态不具有普适性，大多数农村可能长期处在小农经营的格局中

近几年来，无论是中央文件还是地方政府实践都将发展一、二、三产业融合的休闲农业和乡村旅游置于极为重要的地位。在当前城里人乐于体验乡村田园生活、乡村民宿的潮流下，一些具有区位条件和旅游资源的农村可以通过发展休闲农业和乡村旅游实现产业的升级发展，提高农民收入。然而，既有研究表明，农村三产融合发展的新业态不具有普适性，只有相当少数的农村适合三产融合发展，绝大多数的农村则缺乏区位条件或旅游资源。而且，过多农村发展三产融合新业态，势必带来同质竞争，收益降低。除了适合发展休闲农业和乡村旅游的农村，以及东部沿海以长三角、粤港澳为典型的实现了工业化、城市化的农村外，剩余的中西部一般农业型农村地区，主要从事传统农业生产，这类农村占到全国农村的70%以上。因此，从发展条件来看，中国绝大多数的农村可能会长期处在小农经营的格局中。

2.2.5　村落空间分布不断优化，凌乱分散的小村镇布局将得到改善

乡村村落聚合是在人口稀疏化、人口老龄化、人口空心化的大背景下实施乡村振兴战略的策略之一。中国的小村镇多数是在自然经济、小农经济基础上形成和发展起来的，总体来看比较分散、凌乱，这种零零散散的状况既不符合农村发展的总趋势，也不利于农业规模化和机械化发展。《乡村振兴战略规划（2018—2022年）》提出，顺应村庄发展规律和演变趋势，根据不同村庄的发展现状、区位条件、资源禀赋等，按照集聚提升、融入城镇、特色保护、搬迁撤并的思路，分类推进乡村振兴，不搞一刀切。因此，对原有自然村落的分布进行合理调整，特别是对空心化村落，通过搬迁撤并、聚合人口的方式，优化村镇布局，不仅顺应乡村振兴战略的总要求，而且能够更好满足村镇生产发展的需要和人民日益增

长的美好生活的需要。

2.2.6　农村基础设施持续完善，规模化和机械化农业加快推进

农村基础设施是实现乡村振兴的重要保障。在全面实施乡村振兴战略背景下，农村基础设施建设仍将作为重点工作加快推进，特别是旅游路、资源路、产业路等“四好农村路”建设，将朝着公路技术等级全面提升、养护水平持续提高的方向发展。农村老龄化问题带来的老人农业，村落聚合对农业农村生产空间的释放，将促进科技下乡并加快农业规模化和机械化进程，农产品产出规模和品质将得到有效提升，产生更多的农村货运物流需求。

2.3　新时代农村客运发展要求和需求分析

发展滞后是中国农业农村最突出的问题，基础设施薄弱和公共服务不足是制约农村发展的瓶颈。党的十九届五中全会通过的《中共中央关于制定国民经济和社会发展第十四个五年规划和二〇三五年远景目标的建议》（以下简称《建议》），围绕优先发展农业农村、全面推进乡村振兴这一主题，提出实施乡村建设行动，巩固拓展脱贫攻坚成果同乡村振兴有效衔接，加快补齐农村基础设施、公共服务、人居环境等短板，促进生产要素在城乡之间自由流动，实现城乡协调发展和共同繁荣。农村客运是关系农村群众生产生活的社会公益性事业和民生工程，是联系城乡的桥梁纽带。加快农村客运发展，提升农村客运通达率和服务水平是保障农民群众“行有所乘”基本民生需求，促进城乡公共服务均等化的具体行动。在全面实施乡村振兴战略的背景下，农村客运发展的机遇与挑战并存。一方面农村客运仍将作为农村交通运输工作中的发展重点，实现进一步的发展与提升，做到“开得通、留得住”，在可持续发展中助力乡村振兴。另一方面，当前在农村客运的发展中仍然存在公益属性定位理解不够、工作主体责任认识不足、公共财政保障有待提升、监督管理机制亟待完善、“通返不通”风险依旧存在等重重问题和挑战。与此同时，新时期“三农”发展趋势对农村客运提出了更高的发展要求。

2.3.1 形势要求

（1）巩固拓展脱贫攻坚成果同乡村振兴有效衔接，要求农村客运在过渡期内要继续巩固在脱贫攻坚阶段取得的通客车成果，进一步完善制度框架和政策体系，增强农村客运发展的可持续性。

实施乡村振兴战略以后，中央在一系列规划和政策文件中明确提出，要做好脱贫攻坚与乡村振兴的衔接，推动减贫战略和工作体系平稳转型。随着脱贫攻坚目标任务即将实现，《建议》又明确提出“实现巩固拓展脱贫攻坚成果同乡村振兴有效衔接”。在此背景下，农村客运发展需要适应发展阶段和目标任务的变化。一方面，尽管全国建制村通客车任务已基本完成，但在“十四五”期间，需要设置一定的过渡期，进一步完善农村客运制度框架和政策体系，特别是省、市、县三级补助政策以及与服务质量相挂钩的激励机制，继续巩固在脱贫攻坚阶段取得的通客车成果，增强农村客运发展的可持续性，防止农村客运“通返不通”。另一方面，全面实施乡村振兴战略将从巩固脱贫攻坚阶段的构建制度框架和政策体系进入全面推进落实的新阶段，让政府为民办实事的态度得到人民群众的认可和称赞，进而切实发挥主体责任意识，激发农村客运发展的内生活力，形成农村客运发展的长效机制。

（2）随着乡村振兴战略的全面实施，农村地区经济发展水平将继续提高，农村公路路况日益改善，群众出行意愿日趋活跃，要求农村客运不仅“走得了”，还要“走得好”“走得安全”。

中国农村地区的道路交通状况复杂，特别是在中西部边远地区，山高沟深，路面水毁、山体塌方时有发生，严重威胁农村客运运营的稳定性和安全性。随着乡村振兴战略的深入实施，广大农村地区的经济社会发展水平将继续提高，农村公路规模布局、生命安全防护设施、路况条件将日趋完善。生活水平和出行条件的改善，将影响群众的出行意愿，并对农村客运的运营服务水平产生新的期许，逐渐由当前的“走得了”向“走得好”“走得安全”转变，这要求农村客运主体责任人和经营企业要发展优质的公共客运，建立完善的客运安全监管工作机制，提升农村客运服务品质和动态监控能力。

（3）不同地域农村两极分化差异大，村落振兴与衰败并存，要求农村客运因地制宜优化运营模式，积极响应农村内部空间布局变化。

中国农村两极分化问题还将进一步加剧，东部沿海经济带城市化的农村地区与中西部一般农业型农村地区在人口分布、出行特征等方面差异明显，即使在广大的中西部农村地区，不同农村之间的发展水平也存在差异。因此，各地农村客运经营企业需要因地制宜选择农村客运运营模式。对城镇化水平较高、经济基础较好的地区，积极推进班线客运公交化改造，灵活采用城市公交延伸、城乡公交、镇村公交等模式推动全域公交发展；对其他地区，不断完善线路设置，按需提供农村客运服务，在满足需求的基础上降低经营成本，同时，积极响应村落衰败、合并等农村内部空间布局变化，及时调整农村客运的运营模式。

（4）农村人口老龄化、空心化问题，要求农村客运需要适应农村地区人口结构变化带来的需求结构变化，进一步规范需求响应式农村客运发展，制订完善相关服务标准。

农村人口老龄化、空心化问题愈发严重，中老年人已经成为农村地区的主体人群，且部分农村人口中老弱病残人群比例大大高于城镇化地区，这类人群的时空转换能力相对较差，出行主要依靠公共交通来解决。因此，农村客运需要适应农村地区人口结构变化带来的需求结构变化，保障农民群众的基本出行权。需求响应式农村客运服务以群众需求为导向，可以为农村地区的老年人、未成年人、残疾人等提供更为安全便利的出行服务。发展需求响应式农村客运服务，涉及运营、管理等环节，与其他传统运输组织方式相比，需求响应式客运在开行线路、服务区域、运行时间等都不固定，更难于监督和管理。在发展初期，政府与服务提供者需要审慎细致地制定车型选择、驾驶员资质、企业标准、服务流程规范、服务质量监管等方面的行业标准，同时需要在未来的发展过程中不断完善这类标准，以提供更加优质的服务。

（5）补齐农村基础设施、公共服务等短板，促进城乡要素平等交换、双向流动，要求农村客运在高质量发展中实现与农村货运物流的融合发展。

《建议》进一步完善了新型工农城乡关系的表述，明确要推动形成工农互促、城乡互补、协调发展、共同繁荣的新型工农城乡关系，提出要实施乡村建设行动，补齐农村地区基础设施薄弱、公共服务供给不足的短板，促进生产要素在城乡之间自由双向流动。当前，农村客运发展中“以客带货”模式还存在诸多问题，如客运企业与物流快递企业衔接不紧密、客运车辆上载货空间与设施缺失等。未来，在推进农村客运高质量发展中，农村客运主体责任人应积极推动农村客货邮融合发展，因地制宜开展农村客运车辆代运邮件快件业务。扩大车型选择范围，推广客货兼用型车辆。支持对既有闲置率较高的乡镇客运站进行改造，新建乡镇等级客运站要增设货运设施设备，鼓励支持新建、改建集客运、物流、商贸、邮政、快递、电商、供销等多种服务功能于一体的乡镇综合运输站。

2.3.2 需求分析

随着乡村振兴战略的深入实施，广大农村地区的经济社会发展水平将继续提高，农村公路路况将日益改善，农村客运需求也将发生深刻变化。农村地区居民的出行需求将逐渐由“走得了”向“走得好”“走得安全”转变。不断提高农村客运服务供给质量，以更好满足日益多元化、个性化的运输需求，将是未来农村客运服务发展的主要方向。未来一个时期，农村客运需求将呈现以下变化：

1）需求结构深刻变化

随着国家对农业农村农民发展问题的日益关注，资金、政策向农村地区不断倾斜，农村公路网络的通达性和通畅性将进一步提升，为城乡间人员流动提供更好的基础条件，进而激发出更大的运输需求。在经济发达地区，私家车越来越多地进入农村地区居民家庭；而在中西部部分偏远地区农村，年轻劳动力大量外出务工、常年在外或仅农忙时节返乡务农，留守的以“老、幼、病、残”为主，这些都深刻影响着农村客运的需求结构。

2）需求高质多元化

在经济社会发展水平较低的阶段，人们对出行的要求非常低，需要的是能“走得了”，需求形式以生产性需求为主，即把自己生产的农副产品运到集市，并换回所需要的生产生活资料。而随着经济社会的发展，特别是乡村振兴战略的实施，农村地区居民消费能力将快速提高，消费结构也将发生变化，农村客运需求将呈现出高质化、多元化、个性化特征。利用信息化手段实时响应出行需求，加快客运车辆调度，提供舒适的乘车环境、合理的票制票价、便捷的支付方式，应当作为农村客运的发展重点。同时，农产品品质的提升、农村消费结构的变化以及农村电子商务的发展将催生大量的农村快递物流需求。利用农村客运网络，提高小件快递在城乡之间运输的时效，也应当作为农村客运高质量发展的主攻方向。

3）更加注重出行安全

以人民为中心的发展理念更加关注人的生命、健康和权益，这就必然促使安全和服务成为未来农村客运发展的硬约束。农村居民对出行的安全性、便捷性和舒适性的要求将不断提高，因此，农村客运主体责任人和经营企业需要持续加强对农村客运安全和质量的监管。

4）更加注重资源节约与环境保护

在农村交通运输发展中，环保问题是容易被忽视但却极为重要的问题。当前，减少排放、降低噪声，提高出行舒适度，选择清洁能源车辆已成为城市公共交通发展的主流趋势，绿色公交车辆占比已成为交通运输发展规划中关键的考核指标。建设资源节约型、环境友好型社会，要求经济社会发展要更加注重与资源、环境和能源之间的协调。随着乡村振兴战略的全面实施，农村地区特别是旅游资源富集地将更加重视资源节约与环境保护，绿色客运发展将不只是城市交通运输专有的发展理念，也会成为农村交通运输发展的重点方向，政府和人民群众对农村客运服务的能耗、效率、乘坐舒适度也将更加关注，这也将促使农村客运经营企业进一步提高运输组织水平，通过整合资源、改善服务来减少污染、降低能耗。

第3章 农村客运发展目标及主要思路

随着全面建成小康社会目标的逐步实现，我国“三农”发展必然对农村客运提出更高的要求，需要及时调整农村客运的发展目标和主要思路。应根据农村客运发展面临的形势，以及“三农”发展对农村客运提出的要求，明确我国农村客运在这一阶段的发展目标，判断发展的重点，提出推进发展重点工作的具体思路。

3.1 新时代我国农村客运发展目标

到2025年，基本建成便捷舒适、智能高效、安全绿色的农村客运服务体系，农村客运可持续发展长效机制基本建立，城乡公共客运服务均等化水平明显提升，农村客运服务质量较大改善，治理体系不断健全，人民群众满意度显著增强，服务乡村振兴战略、城乡融合发展和农业农村现代化作用更加凸显。乡镇和建制村通客车率达100%（除西藏外），农村客运公交化率达到50%以上，农村客运车辆动态监控率达到100%，农村客运责任事故率和死亡人数同比“十三五”末下降10%以上。

到2035年，建成便捷舒适、智能高效、安全绿色的农村客运服务体系，城乡公共客运服务均等化基本实现，系统完备、科学规范、运行高效的农村客运可持续发展长效机制全面建立，农村客运治理体系和治理能力现代化水平明显提升，支撑交通强国建设，服务乡村振兴战略、城乡融合发展和农业农村现代化作用更加充分。

3.2　农村客运发展主要思路

3.2.1　补齐设施短板，打造高效便捷的农村客运网络

一是加快推进农村公路提档升级。建设外通内联的城乡交通运输网络，加强城市道路、干线公路、农村公路之间的衔接，畅通城镇与乡村之间的交通联系。在完成具备条件的建制村通硬化路和通客车任务基础上，有序推进较大人口规模自然村（组）等通硬化路建设。加快实施通客车农村公路提档升级工程，加大不达标路段改造力度，推进窄路基路面农村公路拓宽改造，完善宽路窄桥、急弯陡坡、临崖临水等重点路段安保设施和标志标线，加强农村公路危桥改造，提高农村公路安全水平。加强通客车路段日常养护管理，加大"油返砂"和"畅返不畅"整治力度，确保农村公路路况良好。强化已运营农村客运线路农村公路、桥梁和安保设施状况的动态监督管理，及时开展安全隐患治理。

二是优化农村客运场站体系结构和功能。推进农村客运站点与农村公路同步规划、同步设计、同步建设、同步验收，推动"路、站、运"协调发展，构建布局合理、功能多元的农村客运场站体系。鼓励将农村客运站建在乡镇和建制村中心、人口稠密的位置，方便人民群众出行，鼓励以土地资源置换等方式解决农村客运闲置问题。统筹规划建设标准适宜、功能实用的乡镇综合运输服务站，拓展传统农村客运站物流、邮政、小商业等综合服务功能。农村客运场站在不改变产权和服务功能的前提下，可通过招标、委托管理、以商养站等方式开展日常维护。

3.2.2　加强城乡统筹，提升农村客运服务质量和水平

一是优化完善农村客运服务网络。在实现具备条件的乡镇和建制村通客车的基础上，推动剩余乡镇和建制村通客车，2025年实现所有乡镇和建制村通客车

（除西藏外）。结合城镇规划和农村群众出行需求特征，有针对性地优化农村客运线网结构，合理配置运力和班次。在城镇化水平较高、经济基础较好、人口密集、客流集中的地区，有序推动城市公交线路向乡村延伸、农村客运班线公交化改造，提升农村客运公交化率。鼓励有条件的地区结合本地实际，有重点、分阶段在镇域内发展“镇村公交”。

二是提升农村客运服务供给质量。积极推进线路布设、站点布局、运力投放、运营时刻安排、服务信息发布等多方面的有效衔接，使农村客运服务切实符合农村居民出行习惯，最大限度实现服务供给与出行需求的精准匹配。规范推进农村客运标识、乡村客运招呼站（牌）公示内容、车辆外观和从业人员标识，加强线路名称、线路走向、沿途停靠站点、首末站发车班次时刻、票价和监督电话等信息公示，维护车容车貌，提升农村客运的出行体验。完善农村客运预约响应式补贴政策，因地制宜制定票价、车型、等待时间等服务标准，加强车辆动态监控，使预约响应式服务真正成为农村客运班线的有益补充。提高农村客运信息化水平。推动“互联网+”农村客运融合发展，鼓励各地建设完善农村客运信息平台或将农村客运线路和实时信息融合到城市公交信息平台，逐步实现客运服务一键可查、车辆位置一键可知、村级招呼站（牌）一键报修。鼓励通过农村客运信息平台整合车票购买、包车、定制出行、小件物流等业务，满足农村群众个性化、多元化的出行服务需求。鼓励在农村客运车辆上推广交通一卡通便捷支付（移动支付）应用，逐步与城市公共交通实现“一卡通”。

三是合理配置农村客运车型。按照“因地制宜、安全适用”的原则，结合地形条件、道路状况、线路走向、客运需求等因素，选配符合安全标准的农村客运车型。推动农村客运车辆绿色环保化发展，在有条件的地区推广使用适合农村路况和适应群众出行需要的新能源、清洁能源等节能环保客运车辆。

四是实施城乡交通运输一体化示范创建工程。深化城乡交通运输一体化示范县创建，推动城乡交通基础设施、城乡客运服务、城乡货运物流服务一体化发展，以点带面推进农村客运提质增效升级，全面提升城乡交通运输公共服务水平。鼓励城乡交通运输一体化示范县在城乡网络衔接、服务模式创新、信息化平台建设等方面开展引领性探索，形成可复制可推广的经验借鉴。

3.2.3　筑牢安全底线，全面提升农村客运安全管理水平

一是完善农村客运安全管理机制。完善安全隐患排查治理等各项安全管理制度，强化对农村客运市场秩序监管。强化多部门协同，完善交通运输、公安、应急管理等多部门参与的农村客运班线事前管理、事中监管机制。落实农村客运企业安全生产主体责任，建立健全安全生产责任制、岗位责任制和安全生产管理制度，筑牢农村客运高质量发展安全底线。建立健全农村客运保险制度，增强对交通安全事故的处置、赔付和抗风险能力。

二是提升农村客运安全监管水平。加快构建农村客运信息化监管平台，推动行业数据融合，将道路运政系统、动态监控联网联控系统和企业管理、车辆调度等系统数据集成应用，推进落实非现场执法和信息化移动执法，提高农村客运监管的时效性和针对性。建立跨部门的农村客运市场违法监管机制，加大联合执法力度，严厉打击违规行驶、非法营运等违法行为，净化农村客运市场。加快驾驶辅助系统（ADAS）和驾驶行为分析系统在农村客运车辆中的应用，提高农村客运安全保障能力。

3.2.4　深化重点改革，营造农村客运可持续发展良好环境

一是建立农村客运财政保障机制。推动建立政府购买服务或给予运营补贴的长效发展机制。鼓励在开展全成本核算的基础上，研究制定农村客运场站、车辆购置、运营、保险等财政奖补细则。鼓励各省（自治区、直辖市）交通运输部门和财政部门将成品油价格补助资金优先用于农村客运发展，尤其是空心化现象严重、边远地区通村客运发展。综合考虑农民承受能力、财政保障水平、企业运营成本、服务质量差异、市场供给需求等因素，完善农村客运价格形成机制，建立社会可承受、财政可负担、企业可承接的农村客运票制票价体系。

二是深化农村客运市场化改革。加大农村客运“放管服”力度，提升企业自主经营权，鼓励区域化运营模式，赋予企业在区域内优化线路、统筹车辆的权限，提高资源配置效率。鼓励企业间按照现代企业制度进行改造重组，推进农村客运经营主体和客运资源整合，推广“一县一公司”农村客运发展模式，提高农

村客运组织化程度和抗风险能力。创新农村客运经营模式，支持农村客运经营主体统筹农村客运、物流、邮政、供销等资源融合发展，探索“一点多能、一网多用、深度融合”的农村客运发展新模式，增强可持续经营发展能力。加强农村客运与旅游产业融合发展，鼓励开通至景区景点的旅游专线、旅游直通车等，扩大对农村旅游景点的通达深度和覆盖范围，保障乡村旅游目的地便捷、高效、通达。

三是建立农村客运发展质量考评机制。研究制定农村客运企业考核评价制度，可引入第三方评估机构对农村客运安全运营和服务质量进行评价考核，考核结果与地方农村客运补助资金相挂钩。畅通农村客运投诉咨询渠道，通过12328交通运输监督电话等渠道及时受理解决群众出行问题，建立群众反馈问题及时整改落实的正反馈机制。加强农村客运市场信用体系建设，以强化质量信誉考核和违章记分考核为手段，严格市场准入管理，完善市场退出机制。

第4章 农村客运公益属性研究

在研究公益性概念及特点的基础上，阐述农村客运具有公益属性的理论和实践依据，分析农村客运定为公益服务的必要性。在明晰公益属性定位的基础上，研究农村客运公共服务的实现途径，明确政府在推进农村客运发展中的职责定位。

4.1 公益性概念及相关研究

4.1.1 公益性概念的相关研究

传统的工具书对公益性的界定相差无几，如《新华字典》释义“公”为“公众、公家”之意，“益”即为“利益”，因此，“公益”是指公众的利益，多用于救济、卫生等公众福利事业；《词源》对公益的解释也是公共的利益，公益性为公共利益的特性。所以需要对公共利益进行界定。《公共政策词典》将“公共利益”解释为“由国家或社会占有的处于绝对地位的共同利益，但不是某些狭隘或特殊行业的利益”。我国学者则指出公共利益是一种在特定的社会条件下具有共享特点的共同利益，能够实现满足作为共同体的人类的基本生存、消费、发展等公共需求的各类资源和条件的总称。

相关研究指出，“公益”最早在日本学者冈幸助的专著《慈善问题》中提出，与“公益”对应的词汇为“public welfare”。目前，还有学者将“公益”翻译成为“public service”。对于公益性的界定，有些学者从外部性未得到合理补偿角度对公益性的概念进行界定，认为公益性是指某种行为、产品或服务使得国家或公众获得利益而自身并没有获得相应补偿。因此，他们认为公益性是由于正外部性所导致的，公益性的范围比外部性要广一些。有些学者则从非营利的角度对公益性进行界定，认为公益性是一种非营利性行为，不以营利为目的。这种观点很显然非常片面，只能说明非营利性是公益性的一个属性。此外，有学者认为公益性和经营性是矛盾对立的概念，认为由于两者的矛盾导致企业与政府的责任界限不清晰。

4.1.2 公益性与政府支持相关研究

由于公益性行为为实现公众的利益而造成了自身损失，理应由政府补偿或支持，如以低于成本价格提供的服务造成的损失、关系到国计民生工程需要政府投资等，包括城市公共交通、公路、铁路、航空、管道在内的设施都属于公共基础设施，具有公益性、垄断性、收费性和竞争性的特点，仅由市场调节会导致供给不足，需要政府或财政的介入，而且扩大和保护公共利益也是政府重要的职责之一。因此，公益性大小可以作为财政支持力度的重要依据。政府支持公益性行为的方式包括公共投资、财政补贴等内容，如公共交通的发展应得到财政补贴，铁路因其公益属性，不但保障了公众利益，而且实现了国家目标，因此在一定程度上实现了政府职责，也需要得到政府补贴。

这些学者从政府支持公益事业的原因、支持方式以及支持依据等方面进行了研究。然而，依赖政府财政支持的方式比较单一、效率较低，且公益性指标很难量化。为了更好地对项目公益性的大小进行衡量，为政府对公益性项目提供支持提供量化依据，黄民提出了“公益性指数”的概念。公益性指数是指“某项目产生的改善环境效益和利用者效益与项目产生的国民经济效益的比值”。其中，国民经济效益是指提高利用者效益、环境效益和攻击者效益的总和。

4.1.3　其他领域公益性研究

1）对教育事业的公益性研究

杨卫安提出教育的公益性是指组织或个人所提供的教育服务及通过教育所获得的收益能够使本国大多数人无偿地使用、非排他性地享有，衡量教育公益性的指标包括政府对学前教育的投入情况、受惠人群等。杨小梅认为教育属于第三产业，教育的产业性和公益性都是教育的基本属性，应妥善处理好两者的关系，承认教育产业性客观存在的同时必须坚持教育公益性这一价值取向，教育的本质属性是育人，不应以追求利润为目的。另外，高等教育不仅能够使获得教育服务的成员受益，还为社会其他的成员带来诸多经济和非经济的利益，并且这种收益具有无偿性、非排他的特征，因此高等教育也具有公益性。

2）对于医疗事业的公益性研究

公立医院公益性主要体现在保障公平与公民的权利方面，包括自然公益性和衍生公益性。前者是指医院所固有的救死扶伤等的属性，后者是指通过政府的公共政策使公立医院所具有的降低居民看病就医风险的公共功能，这需要通过政府财政政策支持才能实现，并且公益性是动态变化的概念，在强弱之间可不断变化。医院的公益性就是要充分保证医疗服务输送过程的非营利性和共同福利性，虽然医疗服务的概念范畴涵盖了公共品和私有品，但公益性医疗服务是作为公共品存在的，其数量和质量不应因为个人消费而减少或下降。可见，公立医院的公益性内涵是维持医疗服务的公平性和可及性。

3）对卫生事业公益性研究

卫生事业的公益性以实现公共利益和公共需求为宗旨，以满足最广大人群的健康需要为根本目标，并且不以营利为目的，因此，为保障卫生服务的公益性及公平性，需要政府予以干预和引导。每个受益者有权利或有机会获得必需的服务，同时个人支付低于成本或低于应收费用的资金，当居民享受了经济利益让渡并获得了服务质量的受益或健康受益，就在某种程度上实现了公益性。

从上述学者对各个领域公益性界定的研究可以看出，尽管公益性在各个领域的具体表现有所不同，但本质上具有共同的属性，即弱营利性、公共性和外部性，并且大多数学者认为，公益性的行为盈利能力较差，需要得到政府财政补贴，才能保障公益性的充分实现。

4.1.4 公益性内涵界定

公益性具有客观性和主观性。客观性是指公益性是客观存在的，不以人的意志为转移，具有绝对性属性；主观性是指公众对公益性的感受，这种感受与公益性的结果是否盈利以及盈利能力的大小相关，故公益性又具有相对性属性。

在交通运输领域，随着政策的改变，运输行业的盈利能力会发生变化，不同政策指向会导致大家认为的公益性水平不同，如果政府给予一定的政策支持，运输业自身可以拥有良好的财务自生能力，维持正常运营，并出现盈利的状况，则会表现出较强的盈利性，公益性会被覆盖；若政府给予政策支持仍不具备财务自生能力，并出现亏损的状况，必须靠每年持续的补贴才能维持正常运营，则表现出较强的公益性。北京地铁由于2014年后采用调价政策，致使其盈利能力增强，所以公众认为其公益性减弱；香港地铁由于采用审慎的商业原则，在物业联合开发模式下，可以维持正常运营并能盈利，所以其公益性从表面看被盈利性覆盖，但并未消失。

综上所述，公益性是某种行为或活动的一种属性，不会由于该行为出现盈利状态而消失。公益性是指为公众利益服务、不以营利为目的的行为或活动所具有的一种属性。因此，无论公益主体是谁，无论公益服务的供给是否具有强制性，是否出现盈利的状态，都是具有公益性的行为。结合对公益性内涵的界定，公益性应同时具有公共性和利他性的基本特征。公共性指公益性具有公共的属性，带来的是公共利益，是国家利益、社会利益、集体利益、私人利益等各种共同利益的集中综合体现。利他性指公益性是一种不以营利为目的的属性，公益性行业是为公众利益服务的，而不是以赚取利润为目的；由于公益性的行为或活动是以满足公众利益为目的，而不是满足自己的利益，故而公益性又具有利他性的属性。

4.2　农村客运公益属性定位的依据

4.2.1　农村客运的本质特征

我国历来重视保障和改善民生，将“促进人的全面发展”作为核心发展理念。加快推进基本公共服务均等化、让改革发展成果更多更公平惠及全体人民、不断增强人民群众获得感等发展理念及相关政策措施不断出台。政府对于公民生存和发展权利的保障，在交通运输领域，具体体现为政府对公民基本交通权的保障。这是国家、社会普遍追求的公平理念通过政治权力在交通运输服务供给中的体现。对于公民的基本权力，政府主要以基本公共服务的形式予以保障。因而，对于公民生存和发展具有重要意义的基本交通权，也应通过基本公共服务的形式予以保障，即向社会供给全体公民可以普遍享有的基本运输服务。基本运输服务应与教育、劳动、养老、衣食、居住、健康、文体等共同纳入基本公共服务的范畴。如图4-1所示。

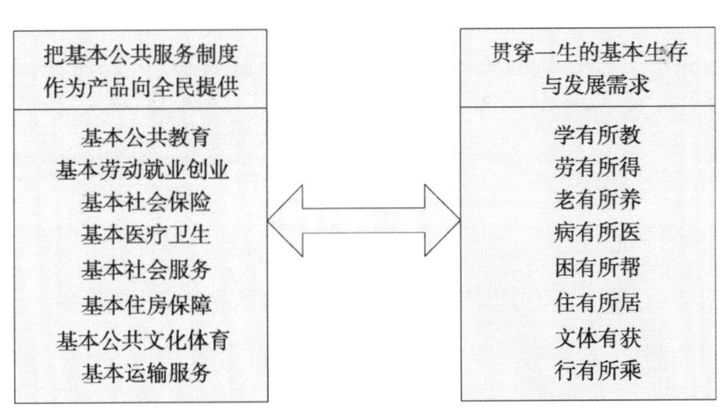

图4-1　基本公共服务示意图

因此，农村客运服务作为政府主导的在广大农村地区提供的公共运输服务，是政府基于交通公平理念、保障农村地区居民基本交通权的主要实现形式，这就是农村客运所具有的本质特征。

4.2.2　农村客运的外部特征

准公共物品、正外部性是农村客运所具有的重要技术经济特征，也是识别农村客运服务具有较强公益属性的重要依据。

1）准公共物品

有关研究显示，公共物品具有两个属性：消费的非竞争性和受益的非排他性。与之相对，同时具备消费的竞争性和受益的排他性的物品则被称为私人物品。而处于两者之间的即为准公共物品。相对于公共物品，准公共物品或具有一定的竞争性，或具有一定的排他性。对于农村客运服务而言，从消费的竞争性来看，在当前实载率普遍偏低的情况下，新增用户对运输服务的使用几乎不会影响其他用户的使用，成本增加甚微，边际成本几乎为零，因而在一定范围内具有非竞争性；从受益的排他性来看，虽然当前我国农村客运服务不可能完全免费，只能有偿服务，完全不付费者有可能被排除在外，但是农村客运服务的价格又往往被政府限定在农村地区居民可承受的能力范围之内，用户不完全付费或者部分付费就可以获得完全的运输服务，这种后天制度安排使农村客运服务具有了较大程度的非排他性。因而农村客运服务具有极强的公共性，属于准公共物品。

2）正外部性

当一个人从事一种影响旁观者福利，而对这种影响既不付报酬又得不到报酬的活动时，就产生了外部性。如果对旁观者的影响是不利的，就称为“负外部性”；如果这种影响是有利的，就称为“正外部性”。当存在外部性的情况下，市场对该类资源的配置是缺乏效率的，负外部性使市场生产的数量大于社会最优量，而正外部性使市场生产的数量小于社会最优量。针对这种市场失灵的情况，政府所发挥的作用是不同的：对于负外部性是抑制和控制，限制其发展；对于正外部性则是扶持和补贴，促进其发展。农村客运服务可以有效改善广大农村地区居民的出行条件，私人边际效用远小于社会边际效用，具有极强的正外部性。具体而言，农村客运服务的发展有利于促进农村剩余劳动力流动，有利于农业产业化的形成，进而增加农村地区居民的收入。同时，发展农村客运服务可以便利农村地区居民外出就学，提高农村地区人口素质，还可以方便农村地区居民外出就医，降低就医时间成本，提高农村地区居民的健康质量。因而农村客运服务具有极强的利他性，拥有正外部性特征。

对标公益性应具有的公共性和利他性的基本特征，综上所述，农村客运是准公共物品，具有极强的公共性；且拥有正外部性特征，具有极强的利他性。因此，农村客运具有明确的公益属性。

4.3　政府在农村客运发展中的职责定位

政府在农村客运服务供给中具有重要地位和独特价值，是农村客运服务供给中最有影响力的主体，承担着组织者、协调者和供给者的作用。政府及其所代表的政治权力在其中发挥着至关重要的作用，公民基本交通权益的保障要求政府在农村客运服务供给中承担最终保障义务。农村客运服务为广大农村地区居民提供出行服务，是保障农村地区居民基本交通权的主要形式。因此，政府在农村客运服务供给的制度框架设计中，重点要解决“做什么”和“怎么做”两个问题，科学安排农村客运服务的供给内容，合理选择农村客运服务的供给方式，充分考虑对农村地区居民基本交通权的保障，利用好政治权力和市场机制，在保障基本公共服务供给的同时，更好满足日益多元化、个性化的运输需求。

4.3.1　科学安排供给内容

1）农村客运服务供给内容的研究

由于农村客运服务的对象具有较强的异质性，在供给制度设计中难以完全确定公众的真实出行需求，因此对于农村客运服务的供给应首先着眼于保障广大农村地区居民的基本交通权，并在此基础上适度考虑多元化、个性化需求。

有研究提出可以根据马斯洛需求层次理论对公共服务总体需求趋势作出判断。马斯洛提出，安全需求、社交需求都属于通过外部条件就可以满足的低级需求，而尊重需求和自我实现需求是只能通过内部因素才能满足的高级需求，且这种满足是无止境的。低层次的需求得到满足后才会出现更高层次的需求，但任何一种需求都不会因为更高层次需求的出现而消失；如果同时存在多个层次的需求，最高层次的需求将占主导地位，决定人的行为。

因此，在农村客运服务领域，总体上应按照优先保障农村地区居民“走得了”这一兜底性任务、再向更高层次满足农村地区居民“走得好”的要求的原则确定供给内容。从政府的决策目标来看，应该按照通达，即扩大农村客运服务的覆盖范围，以保障全体公民基本出行需求；安全，即提高农村道路和农村客运车辆安全性，以保障公民出行安全；便捷，即加密发车频率、减少步行距离，使公众的出行更方便、更快捷；多样，即创新服务方式，以满足公众日益多元化、个性化的出行需求的顺序制定农村客运服务的相关供给政策。农村客运服务政府决策目标示意图如图4-2所示。

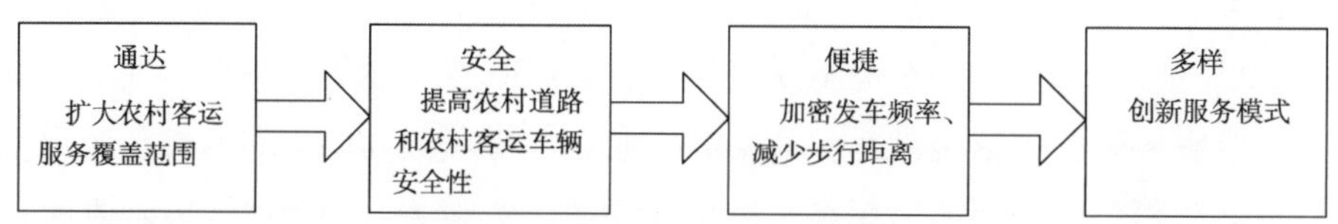

图4-2　农村客运服务政府决策目标示意图

2）农村客运的需求特性研究

在各类运输需求中，农村客运需求具有其特殊性。要根据不同地区的需求特性，科学安排农村客运服务供给内容。

农村客运服务的对象是农村居民，其消费能力一般，对票价比较敏感，但对乘车环境要求不高；由于生产和生活习惯，农村客运客流呈现早进城晚回乡，节日、集贸、农闲等时段客流较多，受季节性影响较强等特点。对农村客运的需求特性进行分析，有助于把握农村地区居民出行规律，以提高供给侧的适应能力。农村客运需求的基本特性主要表现在以下几个方面：

（1）空间特性：点多面广、客流分散。

据《中国统计年鉴2020》的数据，截至2019年底，我国乡村人口数为55162万人，这些人口分布在全国的3.2万个乡镇，平均每个乡镇的人口数仅为1.72万人左右。尤其是一些地区由于独特的自然地理条件导致人口更加难以聚集，很多乡镇人口只有几千人，在镇中心居住的人口更少，远远达不到一定的聚集规模。至于每个村落，人口就更加分散，有些村落在册人口只有几十人甚至更少，农村地区居民居住的分散性决定了农村客运需求呈现点多面广、客流分散的基本特点。

（2）时间特性：出行时间不均衡并呈现季节性变化。

在出行时间分布上，农村客流具有明显的不均衡性，“早进城、晚回乡”的出行特征决定了农村地区居民出行的一般规律是“一早一晚”为客流高峰，其他时间客流相对较少。此外，由于农村地区的生产生活资料相对缺乏，农村地区居民往往需要到城镇或集市去采购生产生活必需品，赶集日、节假日的客流量远大于平日。同时，农业生产的季节性也决定了农村地区客流的季节性。

（3）强度特性：客流强度差异明显。

农村客流在不同区域、不同类型线路上存在较大差异，形成了农村客运管理实际中的“热线”和“冷线”。一般而言，县城至乡镇、乡镇与乡镇、乡镇与人口较多的村之间的线路和经济发达及多元化农副业地区的线路多为盈利线路，而乡镇至人口较少的村、村与村之间的线路和经济欠发达地区的线路以及非法营运严重的线路多为亏损线路。

（4）距离特性：平均出行距离较短。

农村客运主要承担县域范围内的旅客运输，与省际、城际和城乡客运班线相比较，农村客运以短途运输为主，服务对象大多是赶集、进城的农村居民，平均出行距离较短。据有关研究，农村客运班线的平均距离在10km左右，而其他客运班车平均距离在30km以上。

（5）产品特性：客货同行现象突出。

农村地区居民乘车特别是赶集乘车，一般都需要随身携带一定数量的农副产品。为实现人货同行的目的，需要有较大空间放置这些物品，这就要求运输车辆提供较大的行李架及其他储物空间并提高载运的安全性。

此外，我国不同区域农村居民出行需求还呈现出较强的地域特性（表4-1）。

我国农村地区居民出行的地域特性　　表4-1

地　区	居民出行特征	出行目的	出行量
发达地区	常住人口稳定，出行次数多；存在一定数量的流动人口。乡镇之间、中心城市与乡镇间的短途出行已呈现城市出行的特征	探亲访友、购物、上学、看病、经商、乡村旅游、区域内务工等	出行量大、频繁，并将持续快速增长
较发达地区	依据与城镇的距离，常住人口比例递减；青壮年劳动力多外出务工，出行次数居中	探亲访友、购物、上学、看病、乡村旅游、跨区域务工等	出行量较大，增长较快
欠发达地区	常住人口比例低，基本上是老年人、妇女和儿童，青壮年劳动力常年在外务工，出行次数总体较少	探亲访友、购物、上学、看病、跨区域务工等	出行量不大、不稳定，增长缓慢

3）安排农村客运服务供给内容需注意的方面

政府在研究安排供给内容时需要特别注意以下几方面：一是公共资源的有限性决定了政府不可能对所有公民都提供完全相同的出行服务，政府负有供给义务，需要优先保障的是公民的基本交通权。二是在农村客运服务供给中，要有国家统一制度安排和政策要求，以保障不同地区的农村居民都能享有基本的出行服务；同时，由于各个地区经济发展水平的不同，地方各级政府应依据自身发展实际，合理确定本地农村客运服务的具体供给政策。三是政府在农村客运服务供给相关政策制定中，要特别关注老年人、残疾人、低收入者等弱势群体，通过减免付费等必要的制度设计，保障其基本交通权。

4.3.2 合理选择供给方式

由于农村客运属于准公共产品具有一定的竞争性和排他性，生产者可以通过向使用者收取费用而获得收益。因此，通过适当的制度设计，可以引入市场机制，实现生产者的多元化。但是引入市场机制的同时，政府必须要相应地加强指导和监督。一是培育市场化的供给主体。结合事业单位体制改革将从事农村客运服务经营的事业单位转制为企业，并剥离其行政职能，使之成为单纯的农村客运服务生产者。鼓励公众自愿组成社会组织参与农村客运服务生产，发挥好其来自社会、贴近基层、不以营利为目的的优势。二是营造良好的市场环境。坚持市场化改革方向，在切实保障公民基本交通权的前提下，清晰界定政府供给义务、科学制定政府补贴机制和补贴标准，合理设定农村客运市场的准入门槛和准入条件，对于各类市场主体不应设置有差别的准入和补贴政策，着力维护公平有序的市场竞争秩序。三是切实发挥公众的监督作用。不断拓宽公众出行需求的表达渠道，在农村客运服务相关政策制定和实施过程中，充分听取公众的意见和建议。建立农村客运服务生产者生产经营消息披露机制，使公众能及时准确地获取到不同生产者的成本、收入等信息，以更好发挥公众的监督作用。

1）公共服务的主要供给方式

（1）政府服务。政府服务是政府直接供给的主要方式，即由政府部门的雇员直接提供服务，政府同时扮演了服务安排者和服务生产者的角色。在我国，政府部门一般通过所属的事业单位或相关国有企业提供某些公共服务。

（2）政府间协议。政府间协议是指一个政府可以雇用和付费给其他政府以提供公共服务。主要包括两种情况：一种是上级政府与下级政府签订合同，由下级政府来提供某些公共服务；另一种是平级的两个政府之间签订合同，由其中一个政府为另一个政府所辖区域提供某些公共服务。这种公共服务生产职能在不同行政区域间的重新配置和调整，是为了更好地解决区域性公共产品供给问题，并降低公共服务的供给成本。在这种供给方式中，一个政府是服务的生产者，另一个政府是服务的安排者。在我国，此类情况并不常见，但是对于具有一定规模经济和范围经济的公共服务而言，通过政府间协议的形式将一定区域交由一个生产者进行生产，可以提高供给效率，降低供给成本。

（3）合同承包。合同承包是指政府通过市场化的方式选择公共服务的生产者，与之签订公共服务的生产合同，并付费给生产者。在合同承包中，政府是公共服务的需求确认者和购买者，而市场上的各类主体都可以成为生产者。

（4）特许经营。特许经营是指政府将原由政府特别控制或直接经营的项目的使用权或经营权，利用招标、拍卖等竞争机制，许可给市场上的各类主体，要求被许可者按照相关要求进行生产并承担相关社会义务。在特许经营中，政府是公共服务的安排者，市场上的各类主体是生产者。与合同承包中政府向生产者支付费用不同，在特许经营中，需要由消费者向生产者支付费用，政府只是通过合同、协议或其他方式明确政府与企业之间的权利和义务。因而，特许经营的采用可以有效降低政府的财政支出。

（5）补助。对于可收费的公共服务，政府可以通过补贴的方式担负一定的供给义务，进而降低消费者的支出成本。补助和凭单是政府对生产者实行补贴的两种主要方式。其中，补助是一种政府直接给予特定生产者的补贴，形式可以是直接给予资金、减少或免除部分税收、贴息或提供低息贷款以及进行贷款担保等。对于接受补贴的生产者，可以降低其生产成本，进而间接降低消费者购买特定生产者生产的公共服务的价格。在补助这一制度安排下，政府和消费者共同作为公共服务的安排者，而生产者则可以是市场上的各类主体，政府和消费者都需要向生产者支付费用。

（6）凭单。与补助一样，凭单也是政府对可收费的公共服务进行补贴的一种方式。不同的是，补助是政府直接对特定生产者进行的补贴，在某种程度上，是把消费者的选择权限定在接受补贴的生产者中；而凭单是政府直接补贴特定的消费者，使其在市场上可以自由选择任意生产者提供的公共服务。在凭单制下，消费者自由选择生产者，市场上的各类主体都可以作为生产者。此外，通过对凭单的制度设计，可以精准地对需要政府扶助的社会群体进行补贴，并确保凭单使用者在凭单规定的范围内接受公共服务。也有研究提出，凭单的使用使接受政府扶助的社会群体在接受公共服务时更有尊严。

（7）完全市场化。完全市场化是指市场上的各类主体在公共服务生产环节进行自由而充分的竞争，政府对各类主体没有任何不一致的准入门槛，也不提供任何形式的补贴，政府的主要职责是确定公众需要的服务项目，制定相关规则，并进行有效监管。但是，由于公共服务具有一定的非营利性和公益性，除非市场收益可以完全覆盖成本并给予生产者以一定的回报，否则基本不能采用完全市场化的供给方式。

2）不同供给方式的比较

（1）参与者对比。不同供给方式的主要区别在于公共服务安排者、生产者以及成本支付者的不同（表4-2）。

公共服务不同供给方式对比　　表4-2

具体供给方式	安　排　者	服务生产者	成本支付者
政府服务	政府	政府	政府
政府间协议	政府 A	政府 B	政府 A
合同承包	政府	企业	政府
特许经营	政府	企业	消费者
补助	政府和消费者	企业	政府和消费者
凭单	消费者	企业	政府和消费者
完全市场化	消费者	企业	消费者

（2）服务供给方分析。从政府对公共服务安排的介入程度来看，政府直接供给的介入程度明显高于市场化的供给，政府对公共服务安排的介入与公共服务

生产的市场化水平往往成反比，政府对公共服务的成本支付也会相应升高。

3）农村客运服务供给方式的特征分析

在我国，农村客运服务承担着广大农村地区居民的日常生产生活出行，具有极强的公益属性，属于公共服务的范畴。从当前我国农村客运的基本情况和发展趋势来看，农村客运服务的生产者可以包括：事业单位、国有企业、民营企业、社会组织等几类主体。政府服务、政府间协议、合同承包、特许经营、补贴、凭单乃至完全市场化等几种方式都可以用于供给农村客运服务。

某一地区农村客运服务供给方式的选择，应基于农村客运服务基本属性，结合地区经济社会发展实际，从技术经济、政府、市场、社会等层面综合考察不同供给方式在农村客运服务供给中表现出的不同特征。

（1）技术经济层面特征分析。

①农村客运服务的规模经济性。

规模经济性是指通过扩大生产规模而引起经济效益增加的现象。农村客运服务具有明显的规模经济性，主要表现为：某一运输线路上运输密度增加而引起的平均运输成本的下降；单个运输工具的载运量增加而产生的平均运输成本的下降；同一经营主体掌握的运输工具数量增加而产生的平均运输成本的下降；随着运输距离延长而引起的平均运输成本的下降。规模经济决定着公共服务的最佳供给规模；不同种类的公共服务由于规模经济特性不同，其最佳供给规模也不同。规模过小或过大的公共服务生产者都有可能是无效率的。不同供给方式对规模经济的适应性不尽相同。

政府服务对规模经济的适应性较差，这主要是由于政府服务中生产单位与消费单位的规模相当，因而难以实现规模的最优化。相比政府服务，政府间协议比政府服务更具灵活性。此外，其他供给方式均允许生产者规模独立于安排者规模，进而允许生产者规模最优化，最终实现规模经济。在利用规模经济的能力方面，合同承包和特许经营最具灵活性。如果生产者的最有效规模小于安排服务的行政区，那么就可以分为两个或更多的独立区域，每个都达到最佳规模。如果行政区范围太小，特许经营者或承包商可以向邻近行政区出售服务，从而实现规模最优化。

②农村客运服务的排他性。

排他性是指一种物品具有可以阻止其他人使用该物品的特性，是判断物品公共属性的重要依据之一。从经济学的角度来看，排他是一个成本问题，也是一个技术问题。在现实中，收费往往是物品实现排他性的主要手段。当前在我国的大部分地区，农村客运服务仍然作为一种有偿服务供给，公众只有支付一定费用才能使用农村客运服务，完全不付费者被排除在服务范围外。收费使农村客运服务具有了一定程度的排他性。从适用范围来看，本文提到的各种供给方式均可用于可收费物品，但是对于特许经营、完全市场化等供给方式，由于成本由消费者支付，因而对排他性更为敏感。

（2）政府层面特征分析。

①政府对农村客运服务的供给偏好。

若将整个社会简单地划分为公共领域和私人领域，那么公共产品的供给是公共领域的核心职责，也是政府活动的主要范围。但是，不同的职能理念和供给偏好决定着政府在公共领域活动的范围以及介入的程度，也决定着政府对公共服务的供给偏好。农村客运服务具有极强的公益属性，对于改善农村地区居民出行条件具有积极意义。当前各级政府对于农村客运服务的供给偏好较强，但偏好程度存在较大差异。政府服务、政府间协议作为政府直接供给的主要方式，直接体现政府的供给意愿。此外，对于合同承包，政府既是安排者，也对生产者支付费用，其供给意愿也能较好体现。

②政府的财政水平。

政府财政水平决定着政府对公共服务的投入能力。政府服务、政府间协议、合同承包等供给方式需要政府来支付全部成本。财政水平较差的地区，即使政府有意愿供给某些公共服务，也可能因为自身财力有限，而不得不选择由消费者承担部分成本（如补助、凭单等）甚至全部成本（如特许经营、完全市场化等）的供给方式。

③政府的监管能力。

对于不同的供给方式，政府所扮演的角色和承担的职责是不同的。对于市场化的供给方式，政府不易获得生产者的成本和运营情况，因而要求政府具备较强的监管能力。特别地，对于凭单制，政府除了监管生产者的市场行为外，还要监管凭单的发放和使用情况，对政府的监管能力要求更高。

（3）市场层面特征分析。

①农村客运服务的生产者规模。

对某些公共服务来说，市场上已经存在许多生产者，或者通过一些政策和制度设计可以相对容易地鼓励潜在生产者进入该公共服务领域。另外一些公共服务则不然，其生产者很少，也很难吸引到更多。其原因可能是需要大量投资，或者存在其他进入障碍。生产者的数量规模和可得性会影响公共服务供给方式的选择。农村客运服务半径相对较小，生产者的经营范围一般在县域范围内，因此各地农村客运市场上的生产者的情况不尽相同，当存在较多生产者（或潜在生产者）可供选择时，合同承包、完全市场化和凭单才能有效运用。

②农村客运服务的需求状况。

公众对公共服务的需求状况，与公共服务生产者的盈利能力密切相关。农村客运需求较大的地区往往可以选择采用市场化程度高的供给方式。如对于特许经营而言，市场需求旺盛，才有获得预期回报的可能，市场主体才有意愿获取特许权。对于农村客运需求较小的地区，在实践中则往往采取政府供给的方式。

③成本与收益的关联性。

如果成本支付和收益感受之间的联系非常直接，会对消费者的消费行为产生经济激励（即消费者更倾向于选择物有所值的产品或服务）从而提高供给效率。消费者对服务品质要求越高的地区，成本与收益的关联性越强。这类区域越适合选择市场化程度高的服务供给方式。在完全市场化、凭单、补助和特许经营中，消费者直接向生产者购买产品或服务，没有任何中介。越是可以直接观察到成本支付和收益感受之间联系的服务，就越不需要中介，其交易成本也就越小。

（4）社会层面特征分析。

①社会组织的发展水平。

社会组织既非政府组织也非市场组织，它是由公众自发组织、自我管理、自我服务的组织。目前，社会组织已逐步发展成为社会治理的重要力量。社会组织越发达，消费者等利益相关群体诉求表达的影响力也就越大，对公共服务的监督也会更加有力和有效。社会组织发育程度高的地区，可以对市场化的供给方式进行有效监督。特别地，对于凭单制，虽然其费用由政府和消费者共同负担，但是对生产者的选择权却完全在消费者手中，消费者可以直接通过购买行为将对生产者的监管评价反馈到生产端。

②公众对农村客运服务采取市场化方式供给的接受度。

一个地区对某种公共服务供给方式的选择，往往是内嵌于当地的制度环境和文化传统中的。因此，不同地区对市场化方式供给不同种类公共服务的认可度是不同的。由于农村客运服务的公益属性强、盈利能力较差，经济欠发达地区的公众往往认为相比于市场化的供给方式，政府直接供给的农村客运服务可靠性更强、收费也更低，因而希望由政府来直接生产并提供农村客运服务。而在市场化进程推进较早、市场经济发展到一定水平的地区，公众一般认为市场机制带来的竞争可以提高农村客运服务的供给质量并降低供给成本，因而倾向于选择市场化的供给方式。

4）我国农村客运服务的供给方式选择

不同的供给方式在农村客运服务供给中呈现出不同的特性，对不同的地区表现出的适应程度也有所不同。应基于我国农村客运服务供给的实际情况，结合对不同供给方式在农村客运服务供给中的特征表现的研究，综合统筹考虑选择合理的供给方式。每种服务供给方式都有各自的优点和缺点，各种供给方式既可以单独使用，也可以根据情况联合运用来供给农村客运服务。同时，随着经济社会发展水平的不断变化，以及科学技术的进步，不同供给方式对农村客运服务的适应性也会发展变化。要合理选择农村客运服务的供给方式，需综合考虑以下几点：

（1）农村客运服务供给方式选择的方法。

由于经济社会发展水平、区域运输条件以及传统文化习惯的不同，各种供给方式对不同地区农村客运服务的适应性有所不同。政府作为农村客运服务供给政策的制定者和主要监管者，应立足自身发展实际，综合采用专家咨询、问卷调查等方法，建立农村客运服务供给方式比选机制，科学确定农村客运服务的具体供给方式，以提高农村客运服务的供给效率和社会满意度。

（2）政府在农村客运服务供给中承担主要义务。

通过作者进行的业内人士测评和公众问卷调查发现，特许经营等市场化供给方式因满足政府部门、服务提供者和服务对象多方的利益，成为最受公众认可的供给方式。凭单制由于体现了政府在农村客运服务供给中的义务，并赋予公众自由选择农村客运服务企业的权力，因而紧随其后。完全市场化在测评中没有公众选择这一供给方式，究其原因是由于当前我国大多数地区的农村居民均认为政府应在农村客运服务中承担应有义务。当被问及政府应在农村客运服务供给中承担的成本比例时，受访者普遍认为政府应承担农村客运服务供给成本的一半左右。

（3）农村客运服务供给方式的选择需要建立科学的比选机制。

通过对比业内人士测评与公众问卷调查的结果可以发现，两者之间存在一定的不一致性。对于公众问卷调查，公众一般会从自身实际出发，偏好选择更符合自身效用的农村客运服务供给方式，对政府、市场等其他方面的因素考虑较少。而业内人士测评是综合了政治、经济和社会权力的动态博弈均衡结果，可以通过一定的样本量得出不同供给方式对农村客运服务的适应性，并在一定程度上反映出公众的实际诉求，可以为政府在制定相关政策时提供参考。

第 5 章 农村客运长效发展机制研究

以解决制约我国农村客运长效发展的因素为导向，针对“十四五”我国农村客运发展思路，结合各地发展经验，从组织保障、政策补贴、运营模式、融合发展、规划引领、信息化建设、安全监管等方面入手，研究细化推进我国农村客运长效发展的对策与措施，构建乡村振兴背景下农村客运长效发展的机制，促进农村客运服务质量、安全保障、管理水平、运营效益等各方面全面提升。

5.1 提高农村客运服务质量的对策研究

全面系统地研究构建提升农村客运服务质量的相关机制，推动高质量的客运公共服务向农村延伸，健全全民覆盖、普惠共享、城乡一体的客运公共服务体系，推进城乡客运公共服务标准统一、制度并轨，从优化运营模式运力结构、完善网络节点规划布局、保障和优化车辆配置、制定合理规范的票制票价、规范人员管理、强化信息化软硬件支撑等方面提出相应的对策建议。

5.1.1 优化运营模式运力结构

目前，农村客运的运营模式包括公交、班线、区域经营、预约响应等几种，公交和班线客运主要出现在城镇化基本完成或经济社会较为发达省（自治区、直辖市）的农村地区，以及大多数省（自治区、直辖市）的县城至乡镇区间。这些区域和线路一是由于政府财政实力较强，可以对农村客运长期稳定经营进行有力的补贴，二是由于县城至乡镇之间的客流较为可观，农村客运能够基本实现收支平衡或微利。区域经营和预约响应模式作为两种因地制宜、按需灵活开行的“兜底性”农村客运模式，当前一个阶段主要服务的区域为镇村区间，这在全国是普遍现象。

“十四五”时期对农村客运发展来说，总体上的几大关键任务是解决遗留问题、巩固已有成效、实现高质量发展，运营模式是方向性的重要问题，是推进农村客运供给侧结构性改革的核心领域，要根据农村地区经济社会发展、群众出行需求的变化，不断优化配置农村客运资源和运力，明确各种运营模式的定位和服务对象，分类分级施策，从根本上提升农村客运服务质量和发展水平，使农村客运真正助力乡村振兴战略的实施。

在乡村振兴战略的大背景下，农村客运担负着多重使命，不但要保障农村群众的基本出行，落实基本公共服务均等化原则，用更加优质、规范的服务缩小城乡差距，还要通过持续创新培育和发展新业态、新服务、新模式，满足农村群众出行的特殊需求和场景，因此需要对目前几种已有的运营模式进行再审视、再梳理，放在助力和推进乡村振兴战略的需求下，重新确定各自定位和未来发展方向，并挖掘新的运营组织模式。

1）对标城市不断提升农村公交服务质量

公交化作为当前和今后一个时期服务质量和水平最高的一种运营模式，需要巩固已有成效，持续不断地加大投入，保证其长期、健康、稳定发展。在提高服务质量方面要全面对标城市公交，查缺补漏，补齐服务内容的短板，提高服务的标准。同时，进一步明确县级人民政府对农村客运行业监管的主体责任，建立健全完备的农村公交考核管理制度和办法，逐步缩小城乡公交从外在服务和内在管理的差距和差别。

2）补齐短板不断规范发展农村班线客运

一直以来，班线客运是农村客运的主力军，承担着运送农村群众进城入村的重要任务，为农村客运发展作出了重要贡献，但同时也存在着一定的服务质量上的问题。比如，农村班线客运车辆车龄较长、车况较差、车内环境有待提高、开行不能保证定点定线定班等。总体来看，服务质量问题表现为不规范，未来需要进一步强化行业管理，一方面积极拓宽培育扶持力度，另一方面加强日常性、经常性的监管，形成奖惩分明、规范有序的市场环境秩序。

3）灵活创新挖掘预约响应式服务潜力

区域经营、预约响应是各地根据发展实际条件和客观需求探索出的运营模式，是当前和今后一个时期农村客运服务体系的重要组成部分，为全国完成具备条件的乡镇和建制村全部通客车的兜底性任务发挥了重要作用。“十四五”时期，预约响应式运营模式要在保证通车基本公共服务的基础上，进一步规范服务标准，提升服务响应度，坚持创新，不断挖掘农村客运和农民出行的新需求，不断延伸和拓展服务网络、不断扩展服务对象和服务场景，不断改进和提升服务，不断孵化和培育新业态，创建“新农村新客运”品牌。要大胆引入社会资本和力量，尝试通过政府购买服务等方式，在准入机制、奖惩办法、盈利模式上大胆创新，在组组通车、门到门出行、送报送件、道路养护监测等领域取得突破，形成可借鉴可推广的成熟经验做法。

4）统筹和动态调整各运营模式运力结构

运力结构方面，未来要继续突出农村客运的公益性基本公共服务的属性，保障和增加公交、班线运力供给，不断提升公交、班线服务覆盖范围，同时灵活调配区域经营和预约响应式运营模式运力，最大限度地利用有限的农村客运运力，必要时在热门线路上同时开通几种运营模式，但要避免运力资源浪费。

5.1.2 完善网络节点规划布局

网络和节点规划布局是任何形式客运服务的重要基础工作，农村地区地广人稀，客运网络和节点的规划布局对农村客运来说就更加重要了。我国农村客运的网络和节点的布局有以下几方面的特点：网络方面，目前的农村客运网络受限于农村道路网基础条件闲置，与城市公交线网相比，密度仍然较低，线路也相对简单，呈现出显著的县城-乡镇政府所在村-其他建制村三级结构，一条路跑一趟车是普遍情况，线网韧性不高。节点方面，农村客运一方面站点不多，主要在县城汽车站、乡镇中心街道区域、建制村村委会附近设站，自然村由于未全部通车，因此站点较少；另一方面车辆真正接客落客的地点又遍布线路沿线任意一点，很多地点属于违规上下客，总体上处于固定性和随机性共存的状态。

由于区域经营和预约响应式农村客运的建设重点解决通达性问题，网络节点相对灵活自由，这里所说的完善网络节点规划布局主要针对公交和班线客运形式，在进行规划布局和调整时要注意以下几方面的问题：

1）强化科学的规划布局方法使用

客运网络和节点规划布局是一项专业性技术性很强的工作，需要强化科学方法的使用，扎实开展客流调研、需求测算、方案设计规划、仿真模拟等相关基础工作，必要时聘请专业的咨询团队开展相关工作，交通运输管理部门要对相关工作的质量进行评估、抽查，从制度上保证农村客运网络和节点规划布局的科学性、可行性。

2）重视征求出行群众意见建议

农村客运服务的受益者和使用者归根结底是广大农村群众，网络节点布局方案制定后，必须将征求群众意见建议作为规划方案正式出台的前置条件。征求意见建议的范围包括但不限于网络覆盖度是否满意、站点站牌设置是否方便群众出行等。

3）统筹考虑客运企业经营投入产出

企业是提供农村客运服务的主体，因此企业要全程参与网络和节点规划布局方案的制定，在不断提高农村客运覆盖范围、惠及更多群众的同时，要谨慎客观地评估网络节点规划布局方案的可行性，量化测算企业为了执行方案需要的投入和产出，优化经营方案，在保证服务的前提下，降低成本、提高效益，避免给本就依靠财政补贴、微利的农村客运企业造成不必要的经营压力，从而给农村客运长期健康发展造成隐患。

4）适当缩短网络节点布局调整周期

未来一个时期，我国农村经济社会发展将进入高速发展时期，产业结构、居住人群、村落结构必然会发生较快、较大变化，因此农村客运网络节点规划布局方案应当根据建制村撤并、常驻村民数量、村民出行需求等变化因素进行及时有效的调整，开展定期和不定期的运营能效评估，必要时可以适当缩短调整周期。

5）注意与其他相关规划统筹衔接

目前，已有多地的农村客运车辆在运送旅客的同时承担着小件快运等其他功能，因此在规划农村客运网络节点时应当与农村货运物流网络节点规划、农村运游融合规划等其他相关规划进行衔接，充分发挥农村客运网络效能。

5.1.3 保障和优化车辆配置

车辆是农村客运服务的主要场所，车辆车况和车厢环境的好坏直接影响乘客对农村客运服务质量的认识和感受，是提升农村客运服务质量的重要抓手和努力方向。目前，我国农村客运车辆普遍存在年久失修、车况不佳等问题，车内的环境卫生需要提升的空间也比较大。在这个方面，城乡客运的差距较为明显，需要着力解决。

一是省、市、县财政要继续加大对农村客运车辆购置、置换、维修方面的支持力度，缓解客运企业采购压力和运营成本，从根本上支持和保障农村客运车辆，提升车辆购置扶持资金使用效能，引导企业按需购车，杜绝采购无实际意义的豪华车辆。

二是强化对车辆使用的监督考核，将车容、车况、车厢环境卫生等指标的考核结果与运营奖补资金的拨付挂钩，督促客运企业重视车辆规范使用、保养工作，坚决打击使用超期服役车辆的行为，形成常态化监督管理机制。

三是优化车辆购置，行业管理部门要指导客运企业根据当地客运经营需求、运营模式等因素综合确定车辆购置、报废的短、中、长期计划，合理搭配车辆车型，必要时采取一车多用的策略，在车辆法定使用期限内尽可能地承担客运任务，杜绝车辆闲置。

四是基于当前农村私家小客车较大保有量的事实，探索试行建制村私家小型客车预约响应服务运营合法化，补贴相关私家车的行驶成本，保障偏远地区农村居民日常出行。

五是经研究后调整和适当扩大农村客运车辆准入车型目录，结合实际需求将5~7座等微小型车辆纳入目录。

5.1.4　制定合理规范的票制票价

票制票价是乘客比较关心的敏感事项，是旅客对服务质量评价和印象的另一面，票制票价和提供的服务要做到互相匹配，才能真正使旅客产生强烈的获得感。与城市公交基本公共服务的明确定位有一定的区别，目前农村客运的票制票价仍处在改革和探索当中，如何制定合理规范的农村客运票制票价无法一概而论，但有以下几个基本的原则需要遵守和执行：

一是农村客运票制票价的制定一定要以当地各级政府财政实力为基础，以农村客运企业运营成本和收益期望为参考，以当地百姓收入和消费水平为准绳，综合多种因素确定票制票价。

二是农村客运票制票价要公开透明、规范有序，保证执行到位，尤其是在制定预约响应式农村客运等新兴灵活的运营模式的票制票价时，应当考虑到实际问题、客观规律。

三是农村客运的票制票价出台前要进行必要的听证，出台后要加强宣传和执行监管。考虑到农村地区的特殊性，如无特殊和必要，避免频繁地进行调整和变更，尤其是基础票价、特殊人群优惠政策等敏感措施。

5.1.5　严格规范管理从业人员

从业人员是农村客运服务的操作者，包括驾驶员、乘务人员、站内售票人员、车辆检修维护人员、运营调度和其他企业管理人员，他们各有分工。对从业人员进行严格规范的管理，对于提升农村客运服务质量、保障农村客运安全运行具有重要的意义，也是一项重要、必做的基础性工作。

一是要明确各类从业人员的工作边界和责任权力，制定和不断完善人员管理的各项规章制度，让从业人员管理工作有章可循、有据可查。

二是严守从业人员准入门槛，与公安等部门进行人员信息共享，保证农村客运从业人员队伍的纯净，同时重点吸纳和鼓励本地群众从事农村客运服务。

三是加强对各类从业人员服务工作行为的日常化监督考核，对确实做出突出贡献的人员给予及时褒奖，对违反工作规定的人员进行坚决处罚。

四是加强农村客运人员思想教育工作，向职工说明农村客运这项工作的重大意义和光荣所在，提升从业人员服务素养，培养从业人员的职业自豪感和归属感。

5.1.6 强化信息化软硬件支撑

信息化智能化系统是提高农村客运服务和管理水平，实现高质量发展的重要手段和必由之路，未来要吸收和参照城市公交智能化应用系统建设的经验，全面提升我国农村客运信息化智能化系统建设，让新科技服务新管理，让新技术促进新发展。在完成农村客运车辆车载硬件系统，如卫星定位、视频监控、客流采集等建设后，着重通过政企合作的方式逐步建立以下几大应用系统：

1）建设农村客运企业资源管理（ERP）平台

ERP系统的升级将以农村客运智能调度与安全监控系统为重点，以搭建公司、车队、线路的信息集中化、调度智能化、管理分级、责任明确的运营调度管理系统平台为目标。实现营运集客流和运营时间统计分析，线路行车作业计划的自动编制，线路车辆和人员排班、实时调度的准确高效，运营质量高的信息化管理系统。结合调研的功能需求，将运营涉及的各对象、流程、业务经过优化后，通过信息化管理，做到对整个营运过程实时、细致、有效的监督、控制和调节，使得业务管理人员能够对运营过程进行实时、细致的管理，对整个营运作出及时、有效的决策，并对提升运营调度、运力控制、行业服务质量，减少城市交通拥塞等方面起到全面改进的作用，实现农村客运车辆自动调度和指挥，保证车辆的安全、快捷、准点运行，提高信息化水平和服务质量、优化管理。

2）建立现代化的农村客运出行服务系统

逐步建立现代化的农村客运出行服务系统，通过传统互联网PC端（个人计算机）、移动互联网智能设备端等渠道提供多种服务，为群众提供站点路线、车次、换乘接驳等动静态出行信息。

3）建立集约化的农村客运运营监控与管理平台

建立政企两级的农村客运综合管理平台，实现对农村客运线路、站场、车辆的实时监控和安全应急指挥功能。平台的管理功能可以对企业运营、设备人力、燃油能耗、服务质量等进行综合管理，并通过对农村客运各项业务进行数据统计分析与评价，进而发现隐藏在海量动静态数据中的规律，为行业管理部门提供辅助决策支持的手段。

农客企业作为基础二级调度部门，负责日常的车辆调度；交通运输管理部门的行业运营监控中心接入农客企业的调度信息并具有更高的调度权限，负责综合交通调度决策和应急安全管理决策，同时负责和城市公交等其他部门共享调度信息协同配合。

系统构建方面，企业运营、设备人力、燃油能耗等来源于企业的数据不再采用企业上报、人工填表等时效性较差的传统方式，在屏蔽涉及企业核心商业机密的数据的基础上，系统直接接入企业调度管理系统，管理部门可以直接对相关数据进行查询获取。

5.2　完善农村客运安全保障机制研究

5.2.1　完善农村客运安全管理

1）完善农村客运班线联合审批机制

强化多部门协同，完善交通运输、公安、应急管理等多部门参与的农村客运班线联合审批机制。在全国推广农村客运班线安全通行条件联合审核协调机制，成立由县政府分管领导担负组长，交通运输主管部门领导为副组长，交通运输、公安、应急管理、发改、规划等部门，以及各乡镇政府共同参加的联合审核机制。明确审核协调机制的职责和工作机制。在开通农村客运班线前，应当进行农村客运安全通行条件审核，确保农村客运班线途经公路的技术条件、安全设施、车辆技术要求、运行限速等相匹配。

2）制订农村客运道路技术条件标准

制订出台农村客运运行道路技术条件标准，明确不同类型、不同车长、不同运行模式等技术参数的车辆的道路运行技术条件，如转弯半径、路宽、视距、坡度安防设施设置、桥梁等级、隧道净高等的技术标准。

5.2.2 提升基础设施安全水平

1）完善农村公路规划设计机制

建立农村公路规划设计阶段农村客运管理部门和企业参与机制，农村客运管理部门和企业提前参与农村公路规划设计，根据运营模式的运营需求、车辆与农村公路的匹配性，对农村公路规划的线形、技术参数、安防设施等提出需求，从而确保规划建设的农村公路满足农村客运的安全运营需求。

2）提升农村公路质量

建立政府主导、部门联动的农村公路质量保障机制，切实抓好质量安全保障工作，提升建设质量和服务品质。严格执行农村公路建设质量、安全监督管理相关法规规定，实行建设、勘察、设计、施工、监理、检测六方质量责任终身制。建立健全信用评价制度，构建以质量为核心的信用评价机制。从而提高农村公路运行质量，确保农村客运运营安全。

3）提升农村公路安全防护设施

制定农村公路安全生命防护工程技术指南，结合农村公路实际情况，从科学出发，对农村公路进行设计、建设与管理，从细节着手，提高农村公路安全可靠性，例如改善路口道路视距，合理设置路边防护设施、起警示或引导作用的交通标志等。

4）开展农村客运安全运行隐患整治

加快完善农村公路防护设施，加强急弯陡坡、临水临崖等高风险路段整治，严格执行安全设施“三同时”制度。加强桥梁管理和重点桥梁定期检测，落实桥梁养管“十项制度”，加大危桥改造力度，实现危桥总数逐年下降。提升农村客运动态监控能力。推广农村客运安全隐患排查治理制度，推广农村客运驾驶员兼任农村公路安全员职责。

5.2.3 健全企业安全管理制度

1）落实农村客运企业安全生产主体责任

严格落实农村客运企业安全生产主体责任。农村客运经营者要认真贯彻落实安全生产的有关法律法规，严格落实岗位职责和安全生产制度。加强农村客运车辆维护修理，确保车辆技术状况完好。加强驾乘人员安全教育，树立安全经营意识，自觉遵守安全营运的有关规定。

2）落实企业安全生产规范

督促农村客运企业严格落实《道路旅客运输企业安全管理规范》，严格遵守安全生产、道路交通安全和运输管理等有关法律、法规、规章和标准，建立健全安全生产责任制和安全生产管理制度，完善安全生产条件，严格执行安全生产操作规程，加强客运车辆技术管理和客运驾驶员等从业人员管理，保障道路旅客运输安全。组织农村客运企业进修学习《道路旅客运输企业安全管理规范》，提升农村客运企业和从业人员的安全风险意识。

3）探索建立以安全为主导的市场准入与退出机制

加强源头管理，严格审查新申请的农村客运经营业户和企业的安全生产管理制度及安全生产条件。全面推行企业安全健康自检制度、第三方安全体检制度和农村客运线路安全风险评估制度，加大对道路运输主要经营场所的动态监控力度。

4）建立健全农村客运保险制度

建立健全农村客运保险制度，增强对交通安全事故的处置、赔付和抗风险能力。强化农村客运车辆风险保障能力管理，完善国家规定实行强制保险的险种，所有车辆必须按要求参保，不得漏保、虚保，承运人责任险不得低于40万元/座。

5.2.4　提高从业人员安全水平

1）提高驾驶员安全运营水平

农村客运驾驶员大多存在驾驶不规范、交通知识缺乏等问题。针对这一现状，农村客运企业尽可能选择当地驾驶员，熟悉当地路况和环境。应当主动开展驾驶人员的登记和培训，对于条件有限的地区和企业，可以由政府帮助组织培训活动；开展专业理论知识、驾驶技术和交通安全法规的学习，并且尤其要注重对交通标志的辨识和判断。

2）提升企业安全管理水平

企业切实履行主体责任，成立交通安全工作小组，定期召开交通安全工作会议，检查安全工作落实情况；实行岗位责任制，逐级落实，把交通安全工作与业务工作和经营效益结合起来，建立奖惩机制，对遵守交通安全规则、安全驾驶或妥善处理突发事故的员工和驾驶员予以奖励和表彰，对违反交通安全规定的则进行批评和经济处罚。

5.2.5 提升农村客运安全信息化监管水平

1）建设农村客运安全监管平台

建立农村客运安全监管平台，对农村客运安全运行情况进行实时、动态监管，鼓励运用第三方安全监控平台，提升农村客运动态监管能力。加快北斗卫星定位、驾驶辅助系统和驾驶行为分析系统在农村客运车辆中的应用，提高农村客运安全保障能力。

2）加强农村客运安全信息共享

推动行业数据融合，将道路运政系统、动态监控联网联控系统和企业管理、车辆调度等系统数据集成应用。加强行业数据与公安、应急管理等数据的共享，共享驾驶员违法行动、吸毒、犯罪记录等数据。

3）加强新技术的应用

加强人脸识别、疲劳驾驶识别、自动紧急制动系统等主动事故预防装置，车辆防碰撞主动安全产品等新技术在农村客运安全车辆和管理中的应用，提高农村客运主动预防安全事故的能力。

5.2.6 加强农村客运安全宣传

农村客运交通安全宣传要主动深入村屯，主动与农村群众展开交流。可以根据农村群众生活工作特点安排具体的宣传工作，例如在农闲时节或者集市时间开展宣传。在具体的宣传工作中，工作人员应当因地制宜、因人制宜，采取多样化的生动宣传形式，主动开展宣传方式的创新，而非局限于传统的传单、标语、宣传栏等方式。对于不同的人群，交通安全宣传工作应当结合宣传对象的状态和特征，有针对性地采取不同的宣传策略。例如，秋收时节，可以开展关于公路晒粮、堆物占道危害的宣传；对于手头宽裕、有意愿购买货车等“大件”扩大生产的农户，可以进行关于车辆、驾驶员管理方面的法规宣传。

5.3　提升农村客运管理水平的对策研究

研究建立服务评估考核机制、理顺管理政策制度、完善绩效奖惩机制等，不断优化农村客运管理手段，完善农村客运市场发展环境。

5.3.1　优化市场环境

1）完善农村客运准入退出机制

完善我国农村客运市场的准入退出机制是提高农村客运服务质量的重要抓手。通过完善质量信誉考核制度，对农村客运企业经营服务量化考评，考核指标涵盖企业管理、驾驶员技术、车况、安全生产、营运服务、社会责任、加分项目、减分项目等方面，对农村客运企业的服务质量进行全方位考核。将企业服务质量考核与企业准入退出、日常监管、奖优罚劣等管理措施有效结合，着重将考核结果作为配置资源和客运线路招投标的主要依据，加强对经营企业服务质量的动态监管，实行浮动定级制度。

2）完善农村客运价格机制

按照《交通运输部国家发展改革委关于深化道路运输价格改革的意见》，深化道路客运价格市场化改革，分类推动农村客运价格改革，完善农村客运价格形成机制。对于采用班车模式运营的农村客运，在原则上实行政府指导价（最高上限价格）的基础上，在充分竞争的线路或区域，建议也可以实行市场调节价。完善城乡公交、公交化改造的农村客运班线的价格形成机制，根据客流、发送班次、路线长度、车辆车型等因素，可以制定稍高于城市公交、但低于农村客运班车的价格。完善预约响应型农村客运服务价格，鼓励各地制订适合当地的预约响应型农村客运服务价格，实行政府指导价，要明显低于当地出租汽车的价格。

为了适应农村客运市场的快速发展和变化，使价格更为合理，需要进一步加快建立和完善农村客运价格监测及信息公开制度。加强对农村客运价格的监测和信息的收集，重点明确农村客运价格监测报告单位、价格监测内容和范围、价格监测报告周期和报送方式等内容，科学地收集、整理和通报运价信息，进一步改善信息传递手段，提高信息质量、及时性和准确性。同时，完善农村客运价格决策听证制度，注重企业和社会对农村客运价格的意见，提高政府价格决策的科学性和透明度，促进政府价格决策的民主化和规范化。

5.3.2 推广农村交通运输综合信息服务平台

为了进一步发展农村智慧交通，推广农村运输信息平台，还需政府、企业、社会多方合力。

1）出台扶持政策

发展农村智慧交通，建设农村运输信息平台，前期投入大、运营成本高、收入低，尤其是运营初期，经营更加困难。建议出台鼓励扶持政策，从资金、人才、财税等方面，支持运营企业发展，“扶上马、送一程”，从而促进可持续发展。

2）选择好运营主体

要选择具有一定规模、资金和技术实力以及一定运营经验，并愿意长期在本地运营的企业。

3）整合资源

农村交通运输资源分散、需求小，农村客运、农村物流、农村公路、邮政等每一项单独业务都难以支撑平台发展。因此，要重视资源整合，把农村客运、农村物流、农村公路等不同领域，企业、场站、车辆、线路等不同要素、不同行业管理部门的资源进行充分整合，这样才能实现高效、可持续运营。

5.3.3 加强信用管理

1）加强农村客运服务水平的监督考核

结合地方经济社会发展水平，建立完善城乡交通运输服务的标准体系、评价指标体系，鼓励引入第三方评估和公众听证制度，加强对农村客运企业服务质量的考核。对考核不达标的指标和人民群众反映较多的问题，督促企业进行相关方面的改进和整改。同时，加强成本监督审查和事中事后监管，确保城乡居民尤其是农民群众在出行服务方面有更多的获得感，确保城乡群众交流高效顺畅。

2）完善农村客运企业信用体系建设

建立企业信用系统，加强企业诚信管理。研究制定城乡运输生产服务违法违规行为信息公开工作管理制度，建立统一的信息公开平台。建立守信激励和失信惩戒机制，制定城乡运输生产服务“黑名单”制度。将企业诚信纳入市场准入、资金补贴、政策扶持等方面的考核筛选标准。

5.3.4　加强部门协调监管

1）建立跨部门的协调机制

进一步理顺交通运输、公安、工信等部门在农村客运行业的管理职责，加强与相关部门的沟通和协作，统一各部门的政策和执法尺度，加强不同部门间的驾驶员管理系统、机动车管理系统、公安交警执法系统、运政执法系统等执法系统和行业管理系统等系统衔接，实现资源信息共享。

2）建立完善工作协调机制

引导企业、社会组织和广大群众等各方力量共同参与，形成“政府主导、部门协调、社会参与、共建共享”的农村客运高质量发展新格局。经过大部制改革，以及“一城一交”管理体制的改革，在管理层面形成城市公共交通与道路运输的统一管理体制。建议在现有基础上，进一步创新完善各项工作机制，发挥县级人民政府在农村客运发展中的主体责任，明确将农村客运发展作为基本公共服务体系中的重要民生工程，实行政府主导，建立交通、农业、供销、邮政等多部门共同参与的、常态化的农村客运发展协调机制。

5.3.5　完善监测考核手段

1）加强农村客运发展情况动态监测和统计分析

在乡村和建制村通客车信息平台的基础上，继续加强农村客运发展情况动态监管，包括农村客运线路开通情况、乡镇和建制村通达情况、农村客运服务水平、农村客运公交化改造等指标的统计，对全国农村客运发展情况动态监测，并定期发布农村客运发展报告。

2）定期开展农村客运质量第三方评估

借鉴交通运输部乡镇和建制村通客车第三方评估的经验，定期开展农村客运质量第三方评估，采取抽查加普查相结合的方式，对全国农村客运发展水平进行定期评估。

5.4 保障农村客运可持续性运营机制研究

从完善补贴机制和提升市场主体可持续发展能力两方面入手，建立以公共财政补贴制度为基础的农村客运公共财政支持体系，以促进农村客运市场开发，为农村居民出行和城乡居民流通提供实惠，从而实现“农村居民可支付、农村客运企业可承担、县乡政府可负担、公共财政可支撑”的农村客运服务系统，构建“多予、少取、放活”的农村客运管理体系。

推动地方政府将农村客运事业发展纳入本级公共财政预算，逐步建立中央、省、市、县多方共担的财政补贴机制；强化农村客运经营主体集约化发展机制，优化农村客运运营组织模式，建立多业态融合发展机制。在夯实脱贫攻坚通客车工作成果的基础上，进一步拓宽农村客运发展空间，构建有效维持农村客运可持续经营的保障机制。

5.4.1 巩固中央扶持保障

1）油价补助政策实施现状

2016年4月，财政部联合交通运输部等部门印发《财政部交通运输部农业部国家林业局关于调整农村客运出租车远洋渔业林业等行业油价补贴政策的通知》（财建〔2016〕133号），将农村客运和出租车行业油价补贴转为一般性转移支付，优化补贴结构，资金涨价补助逐年退坡，调整后的油价补助资金由地方自行统筹，灵活应用于支持公共交通发展、新能源出租车、农村客运补助、水路客运结构调整等，提高了地方政府的统筹能力和补助资金使用的针对性。2015—2019年，中央每年安排的农村客运油价补助资金为88.89亿元，其中，费改税补助为

26.12亿元，涨价补助为62.77亿元。涨价补助实行逐年退坡，退坡部分由省级统筹使用。2015—2019年，省级可统筹使用的农村客运补助资金量分别为9.4亿元、18.8亿元、25.1亿元、31.4亿元、37.7亿元。中央油补资金已成为农村客运运营资金的重要保障，在中央油补资金的引导、支持和有力保障下，农村客运发展取得了显著成效。农村客运的快速发展让农村产业更加繁荣兴旺，让农村和城市更加融合，让农民生活更加幸福安康，有力推动了广大农民脱贫致富奔小康和农业农村现代化。

油价补贴政策调整后，各省积极灵活利用政策，根据实际情况出台实施方案，确定退坡资金使用范围，主要用于农村客运运营、农村客运车辆购置及保险购买、信息化建设、城乡交通运输一体化发展等方面，取得了积极的效果。一是用于农村客运日常运营。河北省将油补退坡资金用于支持贫困地区农村线路运营；浙江省将油补退坡资金用于全省“村村通客车”工程；云南省、广西壮族自治区采取“以奖代补”的方式，将油补退坡资金用于乡镇和建制村新通客车工程。二是用于农村客运车辆购置及保险购买。河北、辽宁、浙江、福建、湖北等省（自治区、直辖市）将退坡资金用于农村客运车辆购置，优先用于清洁能源、新能源农村客运车辆购置；贵州、河南等省（自治区、直辖市）将退坡资金用于支持农村客运车辆购买机动车交通事故责任强制保险、承运人责任险。三是用于城乡客运一体化发展。湖北省、湖南省、广西壮族自治区以“以奖代补”的方式，将油补资金用于城乡交通运输一体化示范县创建工程；江苏省将油补资金用于补贴城乡客运一体化改造工程及城乡一体化相关方面的研究；江西省将退坡资金用于支持全省“四好农村路”（镇村公交）发展试点工作。四是用于农村客运信息化建设。江苏省将油补退坡资金用于农村客运智能运调系统建设；广西壮族自治区将油补退坡资金用于道路客运互联网售票平台数据中心建设、运行及维护补助；贵州省将油补退坡资金用于农村客运信息平台建设和推广使用。五是用于农村客运安全运营。河南省将油补退坡资金用于农村客运安全运营服务奖励补助，满足安全要求的予以奖励；江苏省、湖北省将油补退坡资金用于农村客运车辆动态监控终端配备及系统建设补助；湖南省将油补退坡资金用于道路运输“隐患清零”行动。

总的来说，油价补助资金有效保障了农村客运的稳定运行、安全发展，提升了农村客运的可持续能力、服务水平和抵御安全事故风险能力。但在补助政策取得较好效果的同时，仍存在部分省（自治区、直辖市）农村客运方面的地方统筹力度不够、贫困地区补助资金不足、对地方积极性调动不够等问题，亟须在油补政策到期后作进一步优化调整。

2）油价补助政策延续的必要性

农村客运是我国广大农村地区群众，尤其是贫困地区群众的基本出行方式，具有天然的公益属性。交通运输部、财政部等11部门印发的《关于稳步推进城乡交通运输一体化提升公共服务水平的指导意见》（交运发〔2016〕184号）明确提出，对于农村客运，要加强政府主导，加大财政投入和政策支持力度。从《农村公路条例》征求意见情况来看，各部门、省级政府和社会公众均支持其中提出的“农村客运具有公益属性，各级人民政府要建立运营补贴补助机制，保障具备条件的建制村开通农村客运并持续运营”。目前大多数地方财政，特别是县级财政，难以投入足够财力支持农村客运发展，必须由中央财政给予充分支持和保障。自2009年中央对农村客运实施成品油价格补助以来，中央财政累计投入800多亿元，成为保障农村客运可持续运营重要条件，广大农村地区群众从中切实受益。当前贫困地区农村“空心化”现象十分严重，村民居住分散，且以留守老人、儿童为主，出行需求小，客流不稳定，客车通行成本高，农村客运普遍处于亏本状态，难以通过市场化方式解决。如中央财政补助政策退出，农村客运有可能出现大面积亏损、停运、“通返不通”的问题。亟须在中央层面继续给予油补专项补助，以保障农村客运可持续稳定发展。

3）农村客运油补后续政策建议

（1）总体思路。

在保持补贴政策延续性的基础上，采取“中央切块、地方统筹”以及“普惠式+以奖代补”的思路对农村客运进行补助，以2019年农村客运油价补助资金规模为基数，85%~90%资金直接拨付地方，设定10%~15%的资金作为以奖代补资金，更加有力地调动地方的积极性，更好支撑农村客运可持续稳定发展。

（2）具体方案。

一是农村客运行业补助资金总量不变（88.89亿元/年），结构作优化调整。

二是根据各省农村客运车辆数、乡镇和建制村数量、农村地区通行条件、经济发展条件、城镇化程度等因素，研究建立科学合理的资金规模测算办法，测算各省油补资金规模。对经济发展落后、财政收入低、老少边山等地区加大支持保障。

三是各省农村客运行业补助资金以本省油补资金规模的85%~90%（全国共75.55亿~80.00亿元/年）为基数继续拨付地方。其中，费改税补助规模、分配方式、拨付渠道保持不变（26.12亿元/年）；费改税补助以外的资金（49.43亿~53.88亿元/年），全部由地方统筹使用，具体由各省级交通运输部门会同财政部门制定方案，用于农村客运运营、农村客运车辆购置及保险购买、农村客运信息化建设、农村客运安全管理等方面。

四是研究建立农村客运发展成效考核机制，考核内容为省市县农村客运配套补贴政策情况、年度乡镇和建制村通客车工作进展、农村客运安全管理情况、城乡交通运输一体化情况等。油补资金总额10%~15%部分的以奖代补资金（8.89亿~13.33亿元/年），结合贫困地区实际情况、各地农村客运发展成效考核结果拨付给地方。一方面对贫困地区、高寒高海拔地区等农村客运发展基础薄弱、难度大的地区给予倾斜；另一方面，充分调动地方政府发展农村客运的积极性。

（3）推进工作。

在充分调研和征求各方意见的基础上，研究制定印发油价补贴到期后的相关政策文件，并指导各地细化实施方案，做好新旧政策衔接。

4）完善中央农村客运基础设施建设补助政策

完善农村客运基础设施，提升农村客运安全通行条件。在“十四五”期加大车购税资金对农村客运场站设施、通客车途经路段窄路加宽工程、安防设施的投资补助，引导地方加大对相关基础设施的配套资金投入力度，全力补齐农村运输基础设施短板，为通客车提供更加安全的通行条件。

5.4.2　夯实地方主体责任

1）纳入地方乡村振兴战略实施考核目标

深入实施乡村振兴战略，强化各级党委对农村客运发展工作的指导，推动将农村客运高质量发展纳入地方各级党委政府绩效考核体系，充分发挥激励考核

“指挥棒”作用，提高农村客运高质量发展相关指标的政治性、约束性，提升当地政府对农村客运认识的高度，从财政、土地、人才等方面加强对推进农村客运高质量发展工作的保障。

2）构建地方农村客运发展补贴机制

（1）优化地方政府农村客运公共财政补贴模式。

①公共财政直接补贴模式。

向客运经营者提供直接补贴可以用来弥补产生的亏损，以保证一定水平的利润率或投资回报率，既可以用于国有企业，也可以用于私营企业。这种补贴模式的最大缺点就是无法激励经营者高效地管理经营服务，相反，却常常使经营效率低下，许多国有运输企业都属于这种情况。因此，管理部门需要加强监督，防止客运经营者滥用补贴。当运费标准过高，旅客无法承担时，一般可以提供直接补贴，使运费标准维持在一个较低的水平，同时也能保证一定的利润率。它可以应用于路网中所有或部分线路，支付额度视线路而定，也可以按照经营量定（例如按每张车票提供固定支付），或者按照经营活动水平定（例如按每运营公里提供固定支付）。但是按运营公里数提供补贴可能会刺激经营者行驶更多的里程；按旅客数量提供补贴可能使经营者更注重那些运输需求量高的线路，而忽视了需求量低的线路。另外，还有一些不法经营者可能会虚报旅客数量，例如，将线路拆分成若干段，使更多的旅客必须换乘；或者通过提供极低的短途运费，使短途旅客数量增加。由此可见，这种补贴制度需要进行高度监控，除非经营者有完善的票证记录系统，否则很难管理。

②减免税费模式。

减免税费模式是降低客运成本而不是增加收入，它便于管理，也不容易滥用，因此是比较理想的补贴模式。在我国部分省份已经采取相关措施减免农村客运服务的部分税费，这些政策效果非常显著。但目前，很多税费都融入燃油税，因此还是要着力研究出行之有效的燃油补贴政策，以降低农村客运车辆的燃油成本。

③政府购买服务模式。

维持非盈利线路的另外一种措施就是政府与经营者签订经营合同，保证经营者一般都能得到全部的必要服务费用，获得合理的利润水平。在某些服务合同中，政府还可以购置车辆，然后以合理的费用租给经营者承包经营。为了保证承包服务模式能够产生最佳的效果，在经营者之间应通过竞标方式来确定合同授予方。如果在投标过程中缺乏竞争，则需要采取有效手段进行规范管理，保证中标的经营者不得随意经营。

④交叉补贴模式。

交叉补贴是取代政府资金补贴的一种非常有效的手段，其形式不拘一格，包括盈利线路补贴非盈利线路、长途客运补贴农村客运、某组客运服务（例如为特定地区提供服务）补贴其他组客运服务，或者同一家公司内一个单位补贴另外一个单位。在经营活动中无法收回成本时，可以通过其他渠道的经营活动（例如加油站业务、驾校培训业务等）产生的收入来弥补，从而产生交叉补贴。交叉补贴的合理性在于，尽管在经营者的经营区域内可能有部分地区的客运服务会产生利润，但在其他地区，如果采用同样的收费标准就会亏损，因此就需要前者来补贴后者，维持良好的客运服务。一般情况下，只有当经营者经营范围广、经营规模大的时候，采取交叉补贴方式才会卓有成效。目前在我国很少有线路之间的交叉补贴，普遍采用的线路承包方式妨碍了交叉补贴，盈利线路产生的收入很难转移到非盈利线路上。在部分实现交叉补贴的线路上，采取的方式也只是延长现有的线路，将非盈利线路包括进来。因此，在当前县乡公共财力不够雄厚的情况下，在农村公路客运中实行交叉补贴较为适宜，潜力很大，值得推广。

⑤加强基础设施建设。

政府负责农村客运的基础设施建设和管理，主要包括农村客运场站、线路停靠站、首末站、线路站牌、车辆保养场等。农村客运线路均可以使用这类基建设施，政府负责筹集资金和建设管理。

⑥构建信息服务平台。

政府投资构建农村客运的信息服务平台。一方面通过信息服务平台对农村客运线路的相关数据进行管理，提高管理水平，提升服务质量；另一方面，作为农村客运信息的传播媒介，便于与社会各界沟通。

⑦公共用地拨付与开发。

政府对农村客运公共用地进行统一拨付，所有农村客运线路均可免费使用，同时允许企业对用地进行综合开发，可采用TOD（transit-oriented development）模式，一方面政府和企业都可以从开发中获得收益，弥补农村客运建设的先期投入，另一方面也可以促进城乡发展的有机协调。

（2）地方政府完善农村客运补贴制度的政策建议。

一是充分发挥和利用好现有财政资金，落实各项优惠政策和补助政策，提高资金的使用效率。

二是选择符合地方实际情况的服务供给方式，建立适合实际情况的地方财政补贴机制，补充完善相关优惠政策。通过政府购买服务、建立运营补助机制等方式，保障农村客运可持续稳定运营。

三是吸引社会资金投入到农村客运发展中来，鼓励和引导金融机构开发专项金融服务和产品，提供优质和低成本的融资服务。

四是推动建立政府购买农村客运公共服务等制度，探索政府通过合法合规形式将具有公益性质的农村客运服务转交给社会组织、企事业单位履行。

五是建立补贴测算机制。鉴于农村客运准公共产品属性的定位，对因外部政策性因素的影响而造成企业营运收入减少和成本支出增加的农村客运企业给予专项补贴及企业亏损性补贴。针对企业利坏政策所导致的农村客运企业政策性减收和政策性增支，将其合理地划分成价格政策性亏损、乘客福利性亏损、政府指令性亏损、燃料政策性亏损及其他政策性亏损（如车辆购置补贴）五大类，以“动态测算、区别对待、全面系统、公平公正”为原则，建立企业政策性亏损测算及补贴机制，选择道路客源、运营车辆类型、运营班次、运营时间、投资金额等作为参数指标，针对上述五大类研究提出各类企业政策性亏损测算模型用于计算结果，建立农村客运企业政策性亏损测算办法，灵活运用该项资金补贴企业，充分调动企业积极性。

5.4.3 提升市场主体可持续发展能力

1）优化市场主体运营模式

（1）鼓励农村客运企业集约化公司化运营。

整合城乡客运经营主体，培育骨干龙头客运企业，鼓励有实力的企业通过股份制改造、收购、兼并、联合、合作等方式进行战略重组，组建线路公司或者实行区域经营，引导企业培育城乡客运服务品牌，推广“一县一公司”等集约化农村客运发展模式，提高农村客运组织化程度和抗风险能力。加大农村客运“放管服”力度，提升企业经营自主权，赋予企业在区域内优化线路、统筹车辆配置的权限，提高资源利用效率。

（2）推动农村客运跨业融合发展。

支持农村客运经营主体统筹各类农村运输资源，探索“一点多能、一网多用、深度融合”的农村客运发展新模式。推动农村客运与邮政、供销、电商、旅游、农村公路管养等深度融合发展。以农村客运为纽带，促进产业、旅游、文化等融合发展，构建农村运输的多元融合发展体系。

2）构建成“多予、少取、放活”的农村客运管理体系

（1）建立新型的农村客运经营许可制度。

鼓励以片区（一个或多个乡镇）为单位培育农村客运区域经营者，在某一区域内进行经营服务。此类经营者不必持有具体班线的经营许可证，使这些经营者享有组建协调运行区域内客运服务网络的特权，从而灵活调配运力为片区内的出行需求提供客运服务。

（2）建立新型的农村客运班线经营许可制度。

乡镇与村、村与村之间进行经营的所有客运班线，一端或两端均可设置客运站，但不要求必须设置。允许农村客运车辆在途中安全地点（在不影响交通的情况下）停车上下客，车上配备手持安检设备。农村客运班线经营许可证明确规定客运班线服务覆盖的地区或位置以及必要的、最短的服务间隔；不必规定使用的具体车辆，但要求所使用车辆必须要有农村客运经营车辆许可证。

（3）建立新型的农村公路客运车辆许可制度。

只要农村车辆经营者持有农村客运经营许可证，且车辆符合机动车使用方面的所有国家与地方性法规均可从事农村客运，不明确规定其具体的线路，对其在农村客运服务方面的使用没有额外的要求。在颁发车辆许可时要遵照车辆安全运营的最低标准要求，但不必明确规定车辆的类型、尺寸和布局细节。

（4）成立农村公路客运管理机构。

在县级道路运管部门内成立专门的农村客运管理处负责监督管理农村客运许可制度，处理县级及以下的乡村道路运输服务事宜，保障在新的监管体系下建立并改善农村客运服务。农村客运管理机构的主要职责包括：规划乡镇与村之间、村与村之间的客运线路，与潜在的和现有的农村客运经营者进行联络；执行交通运输部相关规定，管理农村客运车辆及农村客运班线许可制度；执行道路安全法的安全管理条例，加强与公共安全机构的适当联络；许可并监管农村客运经营者和客运站经营者的行为，协调农村客运的发展与管理。

通过上述的农村客运许可及管理制度改革探讨可以得出，新型的农村客运经营应由持有线路经营许可的农村客运经营者开展，经营者根据需求变化，可以将各种经许可的车型安全、灵活地投放到有需求的线路上。由此，可以使得农村客运组织与经营非常灵活，农村居民客运出行非常方便。

参考文献

[1] 贺雪峰.大国之基：中国乡村振兴诸问题［M］. 北京:东方出版社, 2019.

[2] 侯秀芳, 王栋.乡村振兴战略下村镇空间优化与农村产业发展研究［M］. 青岛:中国海洋大学出版社, 2020.

[3] 周莹.我国医院公益性评价及改善策略研究［D］. 湖北：华中科技大学, 2009.

[4] 秦晖.政府与企业以外的现代化：中西公益事业史比较研究［M］. 杭州:浙江人民出版社, 1999.

[5] 卓高生.公益精神概念辨析［J］. 理论与现代化, 2010(1):87-91.

[6] 白列湖.公益的内涵及其相关概念辨析［J］. 哈尔滨师范大学社会科学学报, 2012(2):24-28.

[7] 林婕, 张亮, 等.应用机制设计理论建设我国医院公益性保障机制模型［J］. 中国卫生经济, 2010(11):8-10.

[8] 张梦龙.基于公共物品属性视角的铁路改革结构特性研究［D］. 北京：北京交通大学, 2014.

[9] 杨小梅.我国教育公益性研究综述［J］. 重庆第二师范学院学报, 2013(02):99-102.

[10] 雷海潮.公立医院公益性的概念与加强策略研究［J］. 中国卫生经济, 2012(1):10-12.

[11] 林婕.社会医学与卫生事业管理［D］. 湖北：华中科技大学, 2011.

[12] 苗卫军.公立医院公益性实现策略研究［D］. 湖北：华中科技大学, 2013.

[13] 拉塞尔・M・林登.无缝隙政府：公共部门再造指南（中文修订版）［M］. 汪大海, 吴群芳, 译 . 北京:中国人民大学出版社, 2013.

[14] 葛晓鹏.我国农村客运服务供给机制与实现路径研究［D］. 北京：北京交通大学, 2018.

[15] 胡坤鹏.县域农村客运规划方法应用研究[D].广州:华南理工大学, 2014.

[16] 赵圆.山区农村公路客运车辆交通安全分析和保障技术政策研究[D].重庆:重庆交通大学, 2013.

[17] 周义程.公共事业凭单制的实践困境及排解策略[J].中共四川省委省级机关党校学报, 2012(1):88-93.

[18] 裴欣如.基于政府职能视角的农村客运供给研究——以临汾市尧都区为例[D].山西:山西师范大学, 2018.

[19] 宁春华.山区农村客运市场现状及对策分析[J].产业经济, 2017（4）:105-106.

[20] 陈敏仪.农村客运治理系统工程[J].问题研究, 2016（8）:62-65.

[21] 杨洁, 过秀成, 姜晓红.我国城乡公共客运政策法规分析及思考[J].现代城市研究, 2017（12）：24-29.